開園直後の山手公園『ファー・イースト』1871年７月　横浜開港資料館蔵

横浜名所　公園地　早川松山　明治13年(1880)
神奈川県立歴史博物館蔵

コートを整備する日本人の庭師たち
日下部金兵衛撮影
明治中期
神奈川県立歴史博物館蔵

山手公園　明治後期　横浜山手・テニス発祥記念館蔵

1890年代の山手公園　日下部金兵衛撮影
横浜開港資料館蔵

レディース・ローンテニス・アンド・クロッケー・クラブ(LLT&CC)の会員たち
1882年　神戸市立博物館蔵

桜が満開の山手公園

ヒマラヤスギの大木

横浜山手・テニス発祥記念館

横浜山手・テニス
発祥記念館内部

横浜山手公園物語——公園・テニス・ヒマラヤスギ

横浜山手・テニス発祥記念館編／鳴海正泰著

有隣堂発行　有隣新書——61

プロローグ

文化財の名勝に指定される

二〇〇四年（平成十六）三月一日に、横浜市中区にある山手公園が、文化財保護法による国の「名勝」に指定された。

「名勝」というのは、「庭園その他の名勝地で、わが国にとって芸術上または鑑賞上価値の高いもののうち、重要なもの」と法律に書かれている。文化財として公園が名勝に指定されたのは、戦前に奈良公園、広島の鞆公園、京都の丸山公園、香川の琴弾公園の四つがあるだけで、戦後は全国で初めてであり、もちろん横浜で最初である。

しかし、「山手公園」ってどこにあるの、そんなに有名な所だったの、テニスコートがあるだけじゃないかとか、意外な感じをもった人もいたかも知れない。

一八五九年（安政六）に開港された横浜には、欧米のさまざまな文物が上陸し、日本の「もののはじめ」とされるものが沢山ある。ビール、新聞、ガス灯、ホテル、野球……。

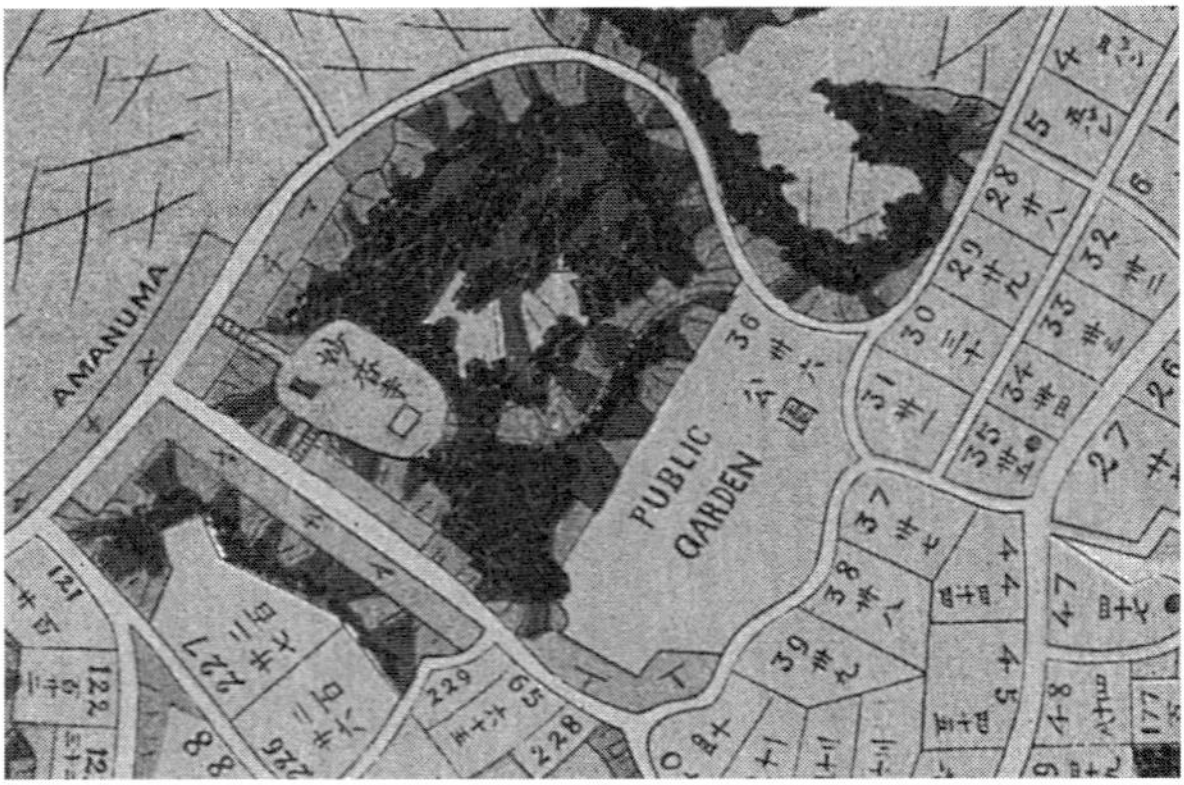

Public Gardenと妙香寺（五葉舎万寿老人　新鐫横浜全図 Map of Yokohama・部分）明治３年　横浜開港資料館蔵

そのなかで、山手公園には三つのもののはじめがある。一つは日本最初の洋式公園であり、二つは日本のテニス発祥の地であり、三つは日本でヒマラヤスギが最初に植えられたことである。もう一つあげると、日本の軍楽隊の発祥の地でもある。

横浜市内にはいま一千平方メートル以上の公園が一四一九もあり、市民生活に不可欠なものとなっている。そのなかで横浜公園、山下公園、港の見える丘公園などが横浜の観光名所としても良く知られているが、山手公園はその場所や由来についてあまり知られていない。

山手公園は開港以来現在までの明治、大正、昭和、平成の四代にわたって百三十年余りの日本近現代の歴史、そして横浜という都市の移り変わりを象徴している公園である。わずか二・五ヘクタールの小さいけれども、日本の公園の歴史のなかでも異色な存在である。

江戸時代には、庶民に公開された神社や仏閣の境内、大名のお屋敷などの「私園」、たとえば水戸の偕楽園のような庭園はあっても、身分に係わりなく誰でも何時でも自由に楽しめる場所ではなかった。庶民も「お庭拝見」か、「物見遊山」の場としてしかみていなかった。幕府側も社会政策的な上からの恩恵として入園を認めているだけで、「公」が社会に開かれた場所としてつくる「公園」という考え方はなかった。

わが国に「公園」という制度ができるのは、一八七三年（明治六）になってからである。山手公園はその三年前の一八七〇年（明治三）五月に、山手にある妙香寺の境内の一部を、明治政府が居留地外国人に貸し付け、わが国はじめての洋式公園としてつくられた。

だが、山手「公園」といっても、横浜の開港にともなう外国人居留地という特殊な制度のなかでつくられたもので、日本人の利用は制限されていた。また、日本式庭園ではなく西洋式で設計された最初の公園である。その次につくられた洋式公園は、一九〇三年（明治三十六）の東京の日比谷公園である。

一八六二年（文久二）に英・米・仏の三カ国領事団が、公園の設置を幕府に要求しようということになり、それを受けて一八六六年（慶応二）に外国領事にだされた幕府の文書には「公の遊園地として存し置へし」とされており、「公園」という用語も山手公園で使われたのが最初である。明治三年の地図「新鐫《しんせん》横浜全図」に山手公園は、「PUBLIC GARDEN・公園」、または「BLUFF GARDEN・公園」と記されている。

こうした山手公園を文化庁が文化財としての価値を認めた理由は、単に「もののはじめ」という理由だけではない。

第一に、一八七〇年の建設当時の地形とともに地割や景観、植生がほぼ原形の近い形で残っていること。第二に日本で最初におこなわれたローンテニス場が、建設当初から今日まで引き続き市民に提供されているし、その発祥の歴史も記念館として整備されていること。第三に、日本で最初にヒマラヤスギが植樹され、ここから全国に普及していった場所であることも挙げている。

山手公園は横浜の歴史とともに

山手公園の六年後の一八七六年(明治九)に彼我公園(現在の横浜公園)が完成した。わが国に公園制度が始まった年である。次に古いのは西区の掃部山《かもんやま》公園で、一九一四年(大正三)に、開港の恩人井伊直弼を記念するために旧藩士がつくった庭園(それ以前は鉄道建設の技師たちの宿舎があって、鉄道山と呼ばれていた)が横浜市に寄贈されてつくられた。

現在の山下公園、野毛山公園、元町公園、神奈川公園などは、関東大震災の復興事業として建設されたもので、その他の大部分は昭和三十年以後につくられたものである。

詳しい経過は後にゆずるとして、山手公園は一八九九年（明治三十二）に不平等条約が撤廃されて居留地制度が廃止されたあとでも、戦後にいたるまで横浜のなかの「外国」として続いてきた。ここだけは時間が止っていたようにみえる。その数奇な歴史は、開港都市としての「横浜」の特殊な成り立ちを反映しており、東西文化の交流と同時に、その摩擦の舞台でもあった。そういう意味では、山手公園は「名勝」というより「史跡」といった方がふさわしいかも知れない。

山手公園は完成して数年後、居留地外国人による「婦女弄鞠社《ろうきゅうしゃ》」（レディーズ・ローンテニス・アンド・クロッケー・クラブ、ＬＬＴ＆ＣＣ）という女性のテニス団体によって管理運営されることになった。イギリスで始まったばかりのテニスが、一八七六年（明治九）に横浜に上陸し、山手公園で初めておこなわれたのである。当時のテニスがどんな風におこなわれ、また日本でどのように広まっていったのか、興味がある話題に違いない。

もう一つ、山手公園の名物にヒマラヤスギがある。その堂々たる姿には、横浜の開港の歴史が刻み込まれているような風格がある。横浜市から銘木・古木に指定されている。一八七九年（明治十二）に、イギリス人のヘンリー・ブルックが、インドのカルカッタから種子を取り寄せて、山手公園一帯に植えたのが始まりとされている。

その後、皇居や新宿御苑に提供されたり、山手の学校や教会、全国の公共的な建築の庭に植えられていった。洋風建築によく似合う庭園樹として普及してきた。戦前の山手に住む人たちは、「ブルーク松」として親しんできた。

しかし、そうした歴史のあるヒマラヤスギも、枝が伸びすぎて邪魔もの扱いされたり、台風で倒れたりして少なくなってしまった。初代のヒマラヤスギは山手公園のなかにみることができるだけである。

なぜ、ヒマラヤスギが横浜に取り寄せられて播種されたのか、それも興味ある問題であろう。

これから皆さんを山手公園に案内し、居留地制度と公園の由来、テニスことはじめ、ヒマラヤスギのきた道など、「名勝」に指定された公園の歴史を一緒にみていきたい。

《目　次》

目次

物語その1

山手居留地と外国人

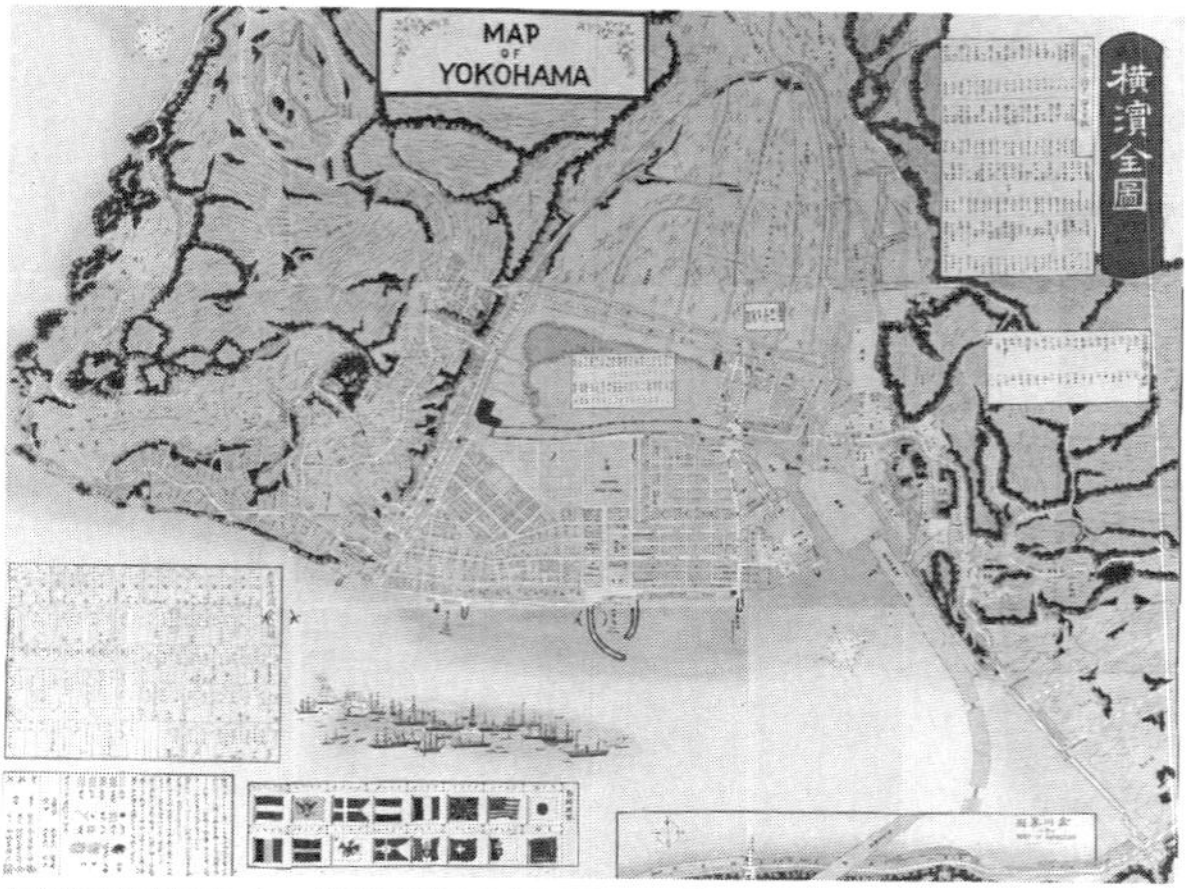

五葉舎万寿老人　新鐫横浜全図 Map of Yokohama　明治3年　横浜開港資料館蔵

横浜のなかの山手公園

山手公園の場所や、道順を知っている人は、周辺の住民やテニス好きの人を除いて、横浜市民でもそんなに多くない。山手公園は山手本通りからすこし奥にはいった裏側にあって道路から直接見えない。そのため横浜の観光スポットのなかでも横浜公園、山下公園、港の見える丘公園とちがって人の目に触れにくい。また、明治以来長い間、市民にとって横浜のなかの「外国」のような存在だったからでもある。

横浜の山手一帯は、関東大震災後のものがほとんどとはいえ、洋館が保存され、港の景観を楽しみながらエキゾチックな町並みを散策できるところとして、大勢の人たちが訪れる。関内の山下町方面からは、JR関内駅で下車、海側に道をとり、神奈川県庁や横浜市開港記念会館を見て、大桟橋にでる。そこから山下公園を散策しながら元町方向に歩いていくと、右手の丘の麓にでる。

横浜駅から地下鉄「みなとみらい（MM）線」で終点の「元町・中華街駅」で降りて元町口にでると、すぐ目の前の森がフランス山だ。その縁にそって谷戸坂と呼ぶ上り坂がある。上りきると、左手が「港の見える丘公園」で港が一望できる名所である。付近には旧イギリス領事館、大佛次郎記念館、山手一一一番館、神奈川近代文学館などがあり、異国情緒たっぷりだ。

右に曲がると右手に外国人墓地が見えてくる。港の展望がすばらしい人気スポットである。

左手には「ゲーテ座」があり、少し先の左手に「山手資料館」として古い洋館が保存されている。

この道が山手本通りで、山手の丘の背を元町に沿っており、先が石川町の地蔵坂の上とつながっている。さらに真っ直ぐ行くと山元町から根岸競馬場に通じている。外国人墓地から、この道の半ばにあるフェリス女学院を右手にみて、その少し先の左手にトンガリ教会で知られるカトリック山手教会が見えてくる。その信号の左の脇道を下ると、山手公園にぶつかる。

ＪＲ石川町駅で電車を降りるなら元町側の東改札口にでて、そこから右側の丘に登って山手本通りにでるのだが、いくつかのルートがあり少し複雑だから、駅の案内板を良く見たほうがいい。ここから「外交官の家」「ブラフ十八番館」などの洋館が保存されているイタリア山庭園も近い。本通りにでたら左側に曲がり、右手のカトリック山手教会側の信号を右に下ると、山手公園である。

ＪＲの山手駅で降りたら、本牧通りに向けて真っ直ぐに通っている大和町商店街をでると、前にこんもりした緑の丘が見えてくる。左に麦田のトンネルをみて、そのまま丘に近づき、左手に桜道と呼ばれてきた緩やかな上り坂がある。その坂の右手の山が山手公園である。石川町駅からでも山手駅からでも、約十数分程度の距離だ。

ブラフ積とブラフ溝

トンガリ帽子のカトリック山手教会の脇道から山手公園に入っていこう。

少し緩やかな下り道になっているが、すぐ正面にフェリス女学院大学の正門が見えてくる。入り口の右脇にある大きなタブの木が迎えてくれる。樹齢三百年は経っているであろう。山手公園にくる人たちを百三十年にわたって見守ってきた。左手の構内には道にそってヒマラヤスギがある。

道は緩やかに左に曲がっている。その右側のヒマラヤスギや桜やマテバシイなどの古木に覆われた緑のかたまりが山手公園だ。道から右手下に三段になった広場がみえる。その道の左側の石垣とその下の側溝に注意しよう。ブラフ積の石垣とブラフ溝をみることができる。

ブラフ（Bluff）とは切り立った崖を意味する。谷戸坂から海岸沿いにワシン坂に通じる通りの東側は海に面した切り立った崖で、海からみると大きな屏風のよう見えた。また、山手本通りは今の元町の堀川の崖上の尾根を南西に通っている。この二本の道路に挟まれた三角地帯が山手居留地で外国人の住宅地域になっていて、山手のことをブラフと呼んでいた。

こうした横浜の地形から、一八六七年（慶応三）に山手一帯が居留外国人の住宅地として競売されたが、斜面や崖地が多く、排水や崖崩れの対策が欠かせなかった。宅地造成の初期には木造の柵によって土留めをしていたが、順次石垣に改良されていった。

山手のブラフ積みの石垣

山手公園のブラフ溝

石垣には対岸の千葉県側で産出される房州石を用い、棒状石材を石垣一段の中に長手面と小口面とを交互にみせる積み方に特徴がある。山手地区に多くみられる石積みなので、ブラフ積といわれる。ブラフ積の石垣は、記録されたもので山手地区に十一箇所ある。

このブラフ積とセットでつくられたのが道路脇の石造りの側溝である。伊豆石を使い、板状の石材を凹曲面状に削り、二枚を組み合わせて側溝とした。元町公園の稲荷坂やカトリック山手教会から山手公園に入る緩やかな道を下がっていくと、左手のフェリス女学院に沿って、ブラフ積みの石垣があり、それに沿ってブラフ溝が復元、保存されている。

また、山手駅から桜道を登って山手公園に入る石段の脇に、「近代下水道記念碑」がある。近代下水道は一八六九年（明治二）にブラントンによって計画され、関内・山手地区の整備は七八年頃に終わった。それによると、山手公園沿いの桜道には、当時石造り下水管（内法幅〇・六メートル、高さ〇・八メートルの房州石造りの暗渠約一三〇メートル）が造られ、その左側には石造りのブラフ溝が、百二十年経ったいまでも使われているのを見ることができる。

パブリック・ガーデン（山手公園）の開園

山手公園は、外国人の専用の公園として、明治三年五月六日（陽暦では一八七〇年六月四日）に開園された。わが国の公園制度が発足する三年前のことである。近くの妙香寺の境内であったが、明治政府はその内二万二二〇三平方メートルを居留地外国人に公園用地として貸し与え、彼らが自分たちで造成費を集めてつくった。

当時横浜で発行されていた英字新聞『ジャパン・ウィクリー・メール』一八七〇年六月十一日号は、こう伝えている。

「先週の土曜日、新しい公共庭園が寄付した人々に公開された。我々としては、隣接する樹木や寺なども取得して、さらに拡張されることを願っている。庭園は大変よいところで、委員会の適切な管理のもとで、樹木が成長するここ二、三年で、東洋で一番きれいな庭園を誇ることになるだろう。」

山手公園の入り口に立つと、まずテニスコートをならすために昔使った石のローラーを削ってつくった「日本庭球発祥之地」の記念碑がある。その背後には二段になった六面のクレーのテニスコートが広がっている。日本で最初にテニスがおこなわれたコートであり、わが国最初のテニス・クラブで、現在の「横浜インターナショナル・テニス・コミュニティ（YITC）」である。

その場所で見上げてみよう。何本かの大きなヒマラヤスギが道に覆いかぶさっている。その幹の側に「名木・古木指定　ヒマラヤスギ　横浜市」という立て札がある。開園後間もなくの一八七九年（明治十二）にヒマラヤスギの種子が輸入され、山手公園でわが国で最初に播種された。そのうちの何本かが、いま大きな枝を広げているのだ。

その小道を進むとすぐ右側に瀟洒で小さな洋館が立っている。「横浜山手・テニス発祥記念館」である。ここに、テニスが始まった頃の様子を示す山手公園のさまざまな資料が展示してある。

小道の突き当たりに記念碑が立っている。「日本最初の洋式公園」として明治三年五月六日に開園されたとある。その左手の建物は、山手六八番にあった旧田中邸の古い洋館を移築した市営コートのクラブハウスである。アメリカの下目板張りとインド西洋風のベランダが特徴である。右側に桜の古木が数本あり、その隙間から六角形の東屋がみえる。開園当初にあった奏楽場を復元したものである。

こうして山手公園は百三十年以上たった今日も、ほぼ原形をとどめている。

横浜居留地のまちづくり

一八五三年（嘉永六）にペリーが東京湾に現れてから約十カ月後、幕府は開港を決意し、翌年三月に日米和親条約を締結した。続いて一八五八年（安政五）に日米修好通商条約を結んだ。そのなかで、アメリカの要求通り「神奈川」を開港場としたが、幕府は東海道に面した神奈川よりも横浜村を開港場としたいと考えて、その建設を先行させた。波止場、運上所（現在の神奈川県庁付近）、奉行所、道路、橋を整備して、運上所の東側（元町方面）を外国人居留地にし、西側（桜木町方面）を日本人居住地とした。

幕府は横浜居留地を日本人との間の紛争から防ぐため、中村川を延長して堀川を開削して、現在の関内を囲い込むこととした。一八六〇年（万延元）関内と元町側の関外との間の谷戸橋・前田橋のたもとに関門をつくった。

横浜側が整備され、外国商社や日本商店ができはじめると、外国領事館も神奈川から移り横浜が実質的な居留地となってきた。一八六〇年にオランダ領事が真先に横浜側に移転したいと申し出た。

翌年米公使ハリスは、アメリカ領事館および自国民の居住地を神奈川から山手台地に移すことの了解を幕府から得た。英、仏もそれに続いた。しかし、一八六二年（文久二）に生麦事件がおこったように、攘夷の動きもまだあり、外国人はまだ安全とはいえなかった。

居留民を守るために、一八六三年（文久三）に英仏両国は山手台地（現在の港の見える丘公園周辺）に軍隊を駐屯させることとなった。そのなかでも、英一〇連隊、二〇連隊の兵士たちとその家族が、居留地社会のなかで、乗馬をはじめさまざまなスポーツ活動の中心となった。

この一年前の一八六二年、英、米、仏の三カ国公使の会議が開かれ、山手居留地の面積、借地料、警備方法を協議し、山手地区に外国人居留地を広げることで意見が一致し、次の点を幕府に要求することとなった。

一　地代は長崎の山手と同様百坪について一二ドルとすること。
二　位置は本牧岬から堀割川との間にすること。
三　多額の地代を払うことを考えて、別に地代が課せられない公園を適当な場所に設けること。
四　分割地は半エーカー（約六一八坪）以上とすること。
五　柵によって囲むか、運河をつくること。

これによって、山手に公園を設けることの要求が、初めて国際間の正式議題となった。

こうして横浜居留地ができたが、湿地帯が多く居住には適さないため、景観も良く乾燥している山手一帯に居留地を拡大することとなった。一八六七年（慶応三）に山手地区を外国人へ貸与することとなり競売がおこなわれたが、最初の応募は少なかった。このとき山手に移ることを希望したイギリス人は五三名であった。しかし、次第に山手にも住居を求める人が増え、居留地が広がった。

以後、関内（山下町）居留地は商工地区として、山手居留地は住宅地区として、それぞれ特色のある町並みを形成していくこととなる。そして、外国人のための遊歩道や運動場、公園などの建設が求められるようになってくる。山手公園の建設はそうした経緯から生まれてきた。

横浜での生活とスポーツ

一八八一年五月に横浜に上陸したイギリスの旅行家アーサー・クロウは、当時の居留地の様子を次のように書いている。

「暑い日の夕暮れに海岸通はいつも美しい散歩道になる。六時から七時にかけてボート・クラブや水泳クラブのメンバーが泳いだり、ボートを漕ぐために事務所から大勢集まってくる。小さな外人の社交界は運動と娯楽にもっとも熱心に力を注いでいる。

町のほぼ中央、外人地区と日本人地区の中間にクリケット・クラブとベースボール・クラブのグラウンドがある。冬になればフットボールに利用されるにちがいない。断崖の上の美しい公園のなかには、女性のテニス・クラブが五つのコートを持っている。いずれも

山手公園でくつろぐ外国婦人と子守をする日本人

完璧な状態に保たれている。ここでゲームがおこなわれているのだが、夕方でもたまらなく暑い。
涼しい夕暮れに断崖の上の、木陰の曲がりくねった小道を人力車に乗っていくのは実に楽しい。最新型の自転車も使用されている。瀟洒なバンガローが湾に迫った高台の上に並んでいる。その場所と交わる道から、ときどき江戸湾と横浜碇泊所のすばらしい展望が開ける。壮麗な領事館から独身男の小住宅に至るまで、すべての邸宅は周囲に庭園をめぐらしている。」

この「断崖の上の美しい公園」とは山手公園のことであり、そのなかの「女性のテニス・クラブ」とは、日本最初のテニス・クラブである「レディーズ・ローンテニス・アンド・クロッケー・クラブ（ＬＬＴ＆ＣＣ）」、現在の「横浜インターナショナル・テニス・コミュニティ（ＹＩＴＣ）」である。

一八五九年（安政六）に開港したばかりの横浜に住みはじめた外国人のなかで一番多かったのはイギリス人であった。開港五年後の一八六四年（元治元）には、居留地に軍隊を別にして約三〇〇人の外国人が住んでいたが、そのうち二五〇人がイギリス人であった。また男女別では二六八人が男性で、女性は三二人にすぎなかった。もっとも開港翌年に来航したプロシャ使節のオイレンブルグの報告によると女性は一二名しかいなかったというから、少しは増えたことになる。しかし、十四年後の一八七八年（明治十一）には大分増加しており、一三七〇人のうちイギリス人が五一五人、アメリカ人が三〇〇人、ドイツ人が一七五人、フランス人が一二〇人、ポルトガル人が七三人、オランダ人が五九人の順になっている。イギリス人優位の居留地社会であった。

居留外国人のうち、外交官や宣教師を除くと大部分は商人であったが、それも玉石混淆で、ジャーディン・マセソン商会のように正規のイギリス商社マンもいたが、本国で食いつめたり、香港や上海で失敗した人たちも多かった。イギリス兵たちが酔っぱらって暴れたり、泥棒や喧嘩も絶えず、物騒でさえあった。一時はアメリカの西部の町みたいな状態で、居留地委員会は、そうした放浪外国人対策に苦慮していた。それに、街は不潔で環境が整備されていないなし、開港後の十年くらいは、けっして居留地の生活は快適なものではなかった。

そうしたなかでも、居留地で、もっとも活発に活動していたのは、イギリス人であった。とくに彼らにとってスポーツは、海外に進出する活発なエネルギーと同様に、アングロサクソン民族にとって日常的なものであった。

彼らはさまざまなスポーツを居留地でおこない、それがわが国に次第に取り入れられていくのであるが、射撃、クリケット、ボート、競馬、テニス、フットボール、ヨットなどあらゆる種目におよんでいた。彼らのスポーツ活動は、同好者が集まってクラブをつくっておこなうのが普通であった。

一八六二年にはすでに競馬がおこなわれていたが、一八六六年に横浜競馬クラブがつくられている。一八六五年にはライフル・クラブ、一八六八年にクリケット・クラブ、一八七一年はボート・クラブなどがつくられている。これらのクラブは、一八七四年頃から種目ごとに同じ居留地がある神戸とインターポートマッチを交互におこなった。

居留地の英字新聞『ジャパン・ウィクリー・メール』は、一八七九年四月に居留地でのスポーツ活動について次のように書いている。

「競技や健康な娯楽というものは、およそアングロサクソン民族よりなるコミュニティであれば、どこでも関心を持たれることはまずたしかである。われわれは政治や宗教、学問や商売については議論をするけれども、いったんクリケット、フィールド、ラケッツ、ギムナジュームなどに入ってしまえば、異なる点は消えさってしまい、家族の一員となり、皆な仲良くなると、われわれは仕事から解放されて自由になる。運動の必要性、競技スポーツによる楽しみは、われわれの種族が祖先から受けついだものである。そしてここ横浜でも人々は、能力と好みに応じて好きなスポーツをすることができる。――競技においてもっとも大切なことは、仲間との結合であり一人で運動したり散歩したりするのは、全く味気ないものである。――したがって楽園、クラブというものは運動にとって欠くことのできないものである。」

横浜クリケット・クラブは横浜公園から後に中区矢口台に移転して、現在の「横浜カントリー・アンド・アスレティック・クラブ（YC&AC）」になるのだが、一九五一年二月発行の機関紙に「スポーツ――古いスクラップ・ブックより」という記録には、当時の居留地での外国人たちの様子が次のように紹介されている。

「横浜で行われたスポーツとしては、競馬、ボート、クリケット、フットボール、陸上競技などが非常に盛んであった。もっとも、どのスポーツでも主な参加者は同じ人であった。それは例えば、ある人が競馬を好み別の人がボートを好んでいるような場合、自分は君のクラブに入るから、君は僕のクラブに入ることをすすめるというような具合だったのである。」

日曜日の朝は教会、昼は山手公園でのフラワーショーや演奏会、夜はパーティやゲーテ座での観劇と、山手文化が華やかな居留地生活であった。しかし、それは外国人たちだけの閉ざされた狭い社会のなかのことであった。一八七〇年にフェリス女学院を興したメアリ・E・キダーは『書簡集』のなかで、「山手の小さな家に住んでいると、自分の家あるいは隣家の使用人を除いて、日本人に一人も会わないことがあります。外国人は日本人から全く離れて住んでいます」と書いている。

故郷に思いをはせる女性たち

当時の日本は、ヨーロッパやアメリカから見たら、遙か遠くはなれた東洋の島国であり、女性にとって船で海を渡るのは大変であった。やっとの思いで横浜の港に着いた彼女らは、小舟に移され、裸同然の船頭たちからあわてて目をそらし、遠い異国にきたことを思い知らされるのであった。日本は黄色い肌をした小さな人間の住む極東の野蛮な国と思っているだろうから、最初、夫人同伴で来るのは外交官と宣教師ぐらいのものであった。一八五九年にシモンズ、ブラウン、ヘボンの三人のアメリカ人宣教師が夫人同伴でやってきた。外交官では、初代英公使のオールコック夫妻である。

横浜・クリケット・クラブの初代会長モリソンの回想によると、一八六〇年代の居留地のファースト・レディーはイギリス公使のパークス夫人で、次に『和英語林集成』で有名なヘボン博士夫人、それからベイリー牧師夫人、ジェンキンス医師夫人、ラウダー夫人、マーシャル夫人であった。とくに今の地蔵坂上にあったマーシャル夫妻の屋敷は高い石垣に囲まれ、美しい鉄門、古いバビロニア風の丸い塔、広いベランダがあり、あらゆる人がマーシャル夫妻から歓迎されたという。

イギリスの作家パット・バーは『鹿鳴館』のなかで、当時の横浜居留地の女性について、次のように書いている。

「居留地の大半の委員会、スポーツ活動、クラブなどの会合は夫人抜きにおこなわれた。(中略)彼女らはきままにできる店は少なかったし、出歩くこともあまりなかった。冬は道が悪いし夏は汗で体がだるくなった。季候や環境がグルになって、女性から生活に色をそえ、変化を与えるすべてのものを取り上げてしまうのだ。このように恵まれない状況で女性は一体なにをしていたのであろうか。女性の名がでるのは新聞の出生か死亡欄だけであった。(中略)彼女らはひたすら夫たちが男たちの夕食会からの帰りを待つだけであった。逃れようのない空虚な倦怠感が女性たちにおそいかかった。彼女らは、夫の遅い帰りを待ちながら、汽船が懐かしい故郷の便りをもってくるのを楽しみにしていた。そんな時、彼女らはコルセットと長いスカートで締めつけられ、ひどくむずしながら、何かすることを待ち焦がれていた。」

居留地はビクトリア朝の伝統的な男性優位の社会であった。こうした時期に、故郷で流行しはじめた女性にもできるローンテニスというスポーツが居留地に伝えられたのであった。彼女らはさっそく道具を取り寄せて始めることとなった。そして混合ダブルスは、男女が組んでおこなえるはじめてのスポーツであった。山手公園は、日頃のうさをはらすための絶好の場所であった。

また、公園は絶好の子守の場所でもあった。外国人の子供のお守りをする日本人女性は「アマ」さんと呼ばれ、子供を背負った彼女たちが集まって時を過ごしたものであった。

関東大震災での壊滅

こうした異国情緒あふれた山手の風景は、一八九九年（明治三十二）の居留地制度廃止後も一九二三年（大正十二）の関東大震災まで続いた。

明治四十二年生まれの作家中里恒子は、山手公園に近い紅蘭女学校（現在の横浜雙葉学園）に通っていた。随筆「おぼえている道」のなかでこう書いている。

「セント・ジョセフの下の坂を登りつめると一帯に山手特有な風景が開けてくる。坂は平らになって一本道に洋館の前に伸びる。古めかしいお城のような住宅や、色を塗ったスケッチにあるような形のいい住宅の窓といふ窓からは、白い色、ももいろ、うすあかなどの

震災で倒壊したA.P.スコットの家（山手38番）　O.M.プール氏撮影

かるやかなカーテンが朝風になびいて、一様に同じ方向に揺れる。赤い髪の毛の子供が、アマに手をひかれて、薔薇の小道をはしっていく。」

やはり明治二十五年に横浜に生まれた吉川英治は、青年時代、山手に登る地蔵坂横にある蓮光寺の側で貧乏暮らしをしていた。『横浜今昔』のなかでこう書いている。

「しかしいまから考えると昔の横浜の異国情趣はいまとちがって外国人も異国のものも明るくとけ合っていたと思う。ラシャメンにしても少しも嫌悪感がわかなかったし、異人館のコック、アマさんの風俗にしてもなんとなくほほえましい清潔なものがあった。」

しかし、大正十二年九月の関東大地震によって山手居留地も外国人の商館も日本人街も壊滅的な打撃をうけて一変した。

震災の状況を記録したドッドウェル商会の支配人O・M・プールは、『古き横浜の壊滅』に次のように書いている。

「かつての山手はどこにいってしまったろう。昔から見なれた景色はもちろん、昨日ほうり出された残骸すらも見当らず、そのかわりにそこには、今日は、ただ一面にむき出しの丘や谷々が流れるように広がっており、そこには、いまは枯れ果てて晩秋の葉の落ちた状態になった、それでいてどこか複雑な感じのする木立の数々以外はなにもなかった。いまなお緑色をした芝地のいくつかが、黒くなってしまった傾斜地のあちこちでちらちら光って見えた。しかし、家は一軒も見えなかった。ただ、ところどころに、無分別なピクニックの一行が残していったくずもの同様に、無意味な砕けた石ころのかたまりがあるだけであった。人の住んでいた形跡こそあったにもかかわらず、丘や谷はすべて、まだ外国人が日本にくる以前の、七十年前の農民たちの田畑同様、変わりばえのしない姿となっていた。」

「山手公園に隣接するA・P・スコットの家は完全にパンケーキのようにペシャンコになって、多少とも、もとの形が残っている屋根が、パイの皮のようにおおいかぶさっていた。亀裂が芝生を横切って走っていた。」

震災前の八月に外国人は戸数二三〇〇、人口七六五〇人であったが、震災によって東京、神戸、上海に多くの人が移住した。翌年には戸数七七九、人口二六五一人と、三分の一にまで減少してしまった。残った人たちには自力で住宅を再建する力のない人が多かった。

テニスコートを始め公園も壊滅的な打撃を受けた。数百本の緑の木々、ヒマラヤスギ、山手台地に多い南国的な玉楠の巨樹も、欅、椎、榎も、パーゴラも全て焼失し、廃園と化したのであった。

異国情緒にあふれた山手風景も、居留地文化も崩壊してしまった。くわえて、第一次世界大戦の勃発、一九二九年の世界大恐慌が追い打ちをかけることとなった。不平等条約の特権に守られてきた外国商社にかわって、横浜の貿易商人たちが力をもってきていた。

しかし、それにもかかわらず居留地時代の異国情緒と居留地文化が、今なお山手にその名残りを留めているだけでなく、横浜の街にも市民の気質のなかにも受け継がれていることを知るのである。横浜市も洋館の保存と整備を進めている。

司馬遼太郎は「日本・横浜のダンディズム」という題で一九九六年におこなった講演をこう結んでいる。

「横浜は居留地文化のよいところを引き継ぎ、独自の文化や思考法を成長させてくれればと思うのです。ともすれば均質性に陥りがちな日本のなかで、横浜市の際立った『異』を成長させるのは重要だと思っています。」

物語その2

こうして山手公園が生まれた

山手公園に集まったイギリス第10連隊の軍楽隊（『ファー・イースト』1871年７月）横浜開港資料館蔵

わが国の公園制度のはじまり

欧米のような「公園」という考え方がなかった日本に、どのようにして公園という制度が生まれてきたのだろうか。

わが国の公園制度は、一八七三年（明治六）に明治政府の「太政官布達第十六号」によって始まる。

「三府ヲ始、人民輻湊ノ地ニシテ古来ノ勝区名人ノ旧跡等、是迄群集遊観ノ場所（東京ニ於イテハ金龍山浅草寺、東叡山寛永寺境内ノ類、京都ニ於イテハ八坂神社、清水ノ境内、嵐山ノ類、総テ社寺境内除地或ハ公有地ノ類）、従前高外除地ニ属セル分ハ、永ク万人偕楽ノ地トシ、公園ト可被相定ニ付、府県ニ於テ右地所ヲ択ヒ、其景況巨細取調図面相添、大蔵省ヘ可伺出事」

こうした政府の強引とも思われる布達によって、その年のうちに、東京の上野、芝（増上寺）、深川（富岡八幡社）、水戸の偕楽園、新潟の白山神社、大阪の住吉神社、宮島の厳島神社など二十五の公園が生まれた。しかし、それらはもともとお寺や神社の境内として一般に使われていた所が「公園」と名前を変えただけで、新たに公園をつくったのではなかった。

江戸時代の社寺は境内地をはじめ、朱印地（寺社領）、黒印地（年貢・課役の免除）が多くて優遇されてきた。そこで明治六年の地租改正のときに、実際に社寺が使用している境内を除いて、残りを政府に無償で公園として差し出させることとしたのである。

その真意は、地租改正によってこれまで無税であった寺社に課税すると、境内を開発して利益をあげようとして開発する恐れがあるので、人びとがこれまで楽しんできた境内を「永く万民の公園」としたいので、政府に届け出るようにという趣旨である。

同時に、その意図のなかに外国人からの要求にあるような公園を設けることで、庶民の不満を和らげて明治政府の恩恵を示そうとしたのである。したがって、最初に公園とする場所は、手っとり早い社寺の境内地（府県管轄）が多かった。

一八七四年（明治七）の「神奈川県治一覧表」によると、神奈川県で次の六箇所が公園となっている。（ただし、開設年と面積の記載はない）

一　久良岐郡横浜村　山手・外国人用
二　久良岐郡堺町通　彼我公園
三　多摩郡府中駅丸山　丸山
四　多摩郡百草村　八幡社地・百草
五　橘樹郡大師河原村　平間寺境内　川中島
六　高座郡宮山村寒川神社内　宮山

太政官布達から三十年後、更地に日本人が西洋の公園をモデルとして設計し、初めて本格的な洋式公園として一九〇三年（明治三十六）につくられたのが、二〇〇三年で開設百年を迎えた日比谷公園である。しかし、その太政官布達の三年前に独自に洋式に設計されて造成されたのが山手公園なのである。それがたとえ外国人を対象としたものであっても、やはりわが国初の公園ということができるであろう。

居留外国人にとって、安全で皆が集まって楽しめる公園は不可欠なものであった。すでに、一八六二年に英、米、仏の三カ国の公使から、山手に公園をつくる要求が幕府にだされていた。それ以後、各国領事たちは、遊歩道と公園の設置をたびたび幕府にはたらきかけた。しかし、遊歩道は先行してつくられたが、公園はなかなか具体化しなかった。

ここで公園設置の基となった一八六六年（慶応二）の幕府と各国領事との間で結ばれた「第三回地所規則」いわゆる慶応約書「横浜居留地改造及競馬場墓地等約書」について説明しておきたい。

一八五九年（安政六）に開港場となった横浜は、関内に急きょ居留地を建設したが、泥んこの道には下水道はなく汚物がながれ、街灯はなく暗く、商社や家屋のほとんどは木骨に石を張ったり漆喰を塗ったものであった。火災もたびたび起こった。なかでも一八六六年十一月のいわゆる「慶応の大火」は、関内の日本人町の三分の一、居留地の四分の一を焼き尽くす火災となった。街の環境整備、防火対策などが緊急な課題となった。そして双方が話しあって、一カ月後にできたのが慶応約書である。

約書は一二カ条からなっており、その冒頭に「火災を防かん為改正を重ねたる目論見に従い」とあり、第一条に「港崎町を移転し、隣接地をくわえ拡張して、外国人、日本人の彼我双方が用いられる公園として平坦に地を均し樹木を植えつけること」とされた。これが今日の横浜公園となる。さらに日本大通りの築造、新居留地の造成、周辺運河の改修などが取り上げられた。

さらに第三条で延焼防止策がうたわれ、第六条では、日本大通り周辺の家屋は「外国人の所有なりとも日本人の所有なりとも之を堅固につくるべし」と述べ、不燃の建築材料まで指定した。わが国の都市計画の先駆けとなったものである。

その第一〇条に山手公園の設置が、「山手の地所百坪に付き六ドルの廉なる地税で公の遊園地として外国人民の為に存し置へし。但し、申し出期限は締結の日より満三カ月以内のこと。右地所を借用するに至る時は同時に付随せる一切の樹木は無償で遊園地用に譲渡すべきこと」と定められた。これが山手公園設置の基本の約束となる。

みんなが集まる公園が欲しい

一八六二年（文久二）の外国人が殺害された「生麦事件」などにみられるように、横浜はまだ彼らにとっては物騒な街であった。安心して馬で遠乗りできる遊歩道や、集会を開いたり、運動ができる場所を欲しがるのは、欧米の都市生活の習慣から当前の成りゆきであった。

一八六六年三月の居留民大会の様子を、J・R・ブラックは『ヤング・ジャパン』のなかで、こう書いている。

「横浜に公園を持とうという熱望を、いく人かの公共心に富んだ人びと(the most public spirited men)が長い間抱いていた。その努力がいよいよ実を結びそうに見えた。(中略)主だった人がみんな出席した。その土地を歩き回った後で、W・H・スミス氏はいった。自分とリンドー氏がこれまで神奈川副奉行を訪問して、この土地の借地権を与えるように要求した。また、九九カ年の借地権を得るのも、さして難事ではないであろう。」

一八六五年に来日した英公使パークスは、こうした居留地民の要望をうけて幕府に公園の設置を求めた。「広野等絶景之地え草木花物等植付四時之季候候に応し、銘々趣向を設け書見或は飲食を携え積鬱を散し労を慰る場所」として、公園がなぜ必要かを幕府に説明している。

岩倉使節団がみた欧米の公園

一八七一年(明治四)、明治政府は岩倉具視を大使とする使節団を欧米におくり、日本の近代化の道を探った。その報告書『米欧回覧実記』には、アメリカやヨーロッパの国々でみた公園のことにもふれている。

そのなかで各地の公園の景観の美しさに感嘆しているが、公園という開かれた場をつくって「公共」の場とする欧米の考え方と、庭をあくまで個人のものとする日本の「私有」の考え方の違いにふれている。そしてパリの公園について「勧奨救助の良法」の美挙として記録している。しかし、まだ「公園」という用語は定っておらず、『実記』のなかでは、「公苑」、「広苑」、「遊園」、「庭園」、「庭苑」、「大苑」、「公園」などさまざまである。一八六六年に山手地区に公園の設置を幕府に求めた英公使パークスが、公園とはなにかという初歩的な説明をせざるをえなかったのである。

このときパークスが適当な公園の場所としてあげたのは、現在の山手公園の場所ではなく「北方村新道海手」（現在の山手東側、ワシン坂辺り）であった。幕府はそれを受けて土地を用意した。しかし、約書のなかでは外国の側が三カ月以内に、その土地の借用を幕府に出願するように定められていたが、申し出がなかった。各国の意見があわなかったり、整地したり植樹するための資金や運営費の目処がたたなかったらしい。そのうちにその土地は他に使われてしまって不可能になってしまった。

一八七〇年（明治三）になって、やっと居留民の間にも公園設置の準備が進み、一月十一日、ベンソン（アメリカ）、スミス（イギリス）ら三人が代表となって、九カ国の領事が連署したうえ、約書にもとづき公園用地の貸与を神奈川県に求めることとなった。

神奈川県は政府と協議し、新たに幕府管轄の寺社領であった北方村の妙香寺境内六七一八坪をあてることとし、三月二十三日に各国領事へ通知した。一八七三年に明治政府が寺社領の一部をとりあげて、公園とするための太政官布達をだすことになるが、山手公園がその先例になったことになる。

日蓮宗妙香寺は、日現上人のときに徳川家の帰依するところとなり、寛文十二年(一六七二)に日威上人によって堂が建設された。横浜開港後に山号を本牧山と改称し、関東大震災で本堂その他一切が焼失したが、現在の建物は昭和六年に再建されたものである。

開園にこぎつける

こうして、ようやく妙香寺境内の二万二二〇三平方メートル(六七一八坪)を、明治政府から百坪当たり六ドルで借りることができた。しかし、造成にはお金がいるだけでなく、年間約四〇〇ドルの地代は大きな負担であった。居留民のなかにはあまりにお金がかかるので一時は止めようという意見さえでていた。

一八七〇年三月二十六日の『ジャパン・ウィクリー・メール』にはこんな意見が載せられている。

「我々は日常の必需品にまで事欠いているのに、自分たちのお金でぜいたく(公園をもつ)

をする余裕があるだろうか。いま、緊急に必要なのは水道、ガス、それに警察だ。お金を公園に使うことで、一枚のシャツが必要なとき、襟飾りを先に買うことにならないか。公園がつくられるのは大いに喜ばしい。しかし、夜をもう少し明るくして安全にしてあげようというならば、この公園計画を捨てて、これらと取り替えるかも知れない。」

また、その頃、日本政府と関内に横浜公園（彼我公園）をつくる折衝が続いていたので、自分たちのお金で山手に公園をつくる必要はないという意見や、逆に横浜公園の場所は埋め立ての湿地帯で木がないのだから、やはり山手がいいという意見もあった。

こうした激論のなかで、公園をつくろうと一人頑張ったのが公共精神に厚いといわれたW・H・スミスであった。

一株二〇円で資金を募集する会社がつくられ、スミスらをはじめ居留民の有志が奔走して、ともかく整備工事にはいった。三カ月あまりの突貫工事で六月四日の開園に間に合わせることができた。また当時の様子を居留民の一人は「読者のなかにはこの公園が周辺の借地権者数人によって造られたものだということを知らない人がいるかもしれない。日本の役所と荒れた崖地貸借契約を結び、野外活動のために一株二〇円で資金を集め、会社を設立した」と回想している。

日本式庭園ではなく洋式公園に

外務省外交史料館に、一八七七年（明治十）三月二十二日付けの山手公園の平面図（外務省記録三－一二－一－一八）が残っている。誰が設計したものかは分からないが、神奈川県から送付された書類に添付されたものの内の一枚である。

この図面をみると、公園の中心の平らな部分に八角形の奏楽堂があり、その両脇の平地に芝生が植えられ、花壇とか集会ができる広場となっている。奏楽堂の西側は一段低い地形となっているが、そこには花卉が植えられた散歩道が造られている。桜道側から入る崖地は手が付けられていない。

奏楽堂から東側、現在の駐車場や市営の二面のテニスコートに当たるスペースには、よく手入れのされた植樹や花壇がつくられており、一八九〇年代の写真でみるようにヒマラヤスギの若木が一メートルくらいに育っている。山手公園に入ってくる園路は一段下のＹＩＴＣのなかの小道であった。

テニスコートへ奏楽堂から真っ直ぐな園路がつくられている。その園路の東側は一段低い地形となっており、現在クラブハウスのある場所は植樹されて整備された庭となっている。コートは現在下に二面、北側上に四面あるが、最初にテニスがおこなわれたのは下の二面の芝生のコートであることは、当時の写真から推定できる。

しかし、北側上のコートは現在四面あるが、当時は三面しかなかった。現在六番コートと呼ばれる元街小学校寄りの奥のコートの部分は崖になって一段低くなっていたものを、あとで土を盛って一面増やしたのである。

東側の現在横浜市営の四面のコートがある部分は幅広い園路が真っ直ぐになっている。これは当時の記録に「公園をいつくかのコンパートメントに分割した。花壇、芝地、ボーリング用グリーン、クロッケー用地、アーチェリー用地も作られ、いろいろ人の趣味に合うよう作られている」とあるのをみると、この部分はアーチェリー用地だったようである。

一八七〇年三月二十六日の『ジャパン・ウィクリー・メール』はこう書いている。

「庭づくりはイギリス人を活気付ける芸術的な情熱のうちの一つである。イギリス人というのは庭づくりに夢中になるにおいては世界一である。山手の予定地の大きな魅力は、土地が起伏に富んでいることである。敷地の設計について多く語るのは時期尚早であるが、あえて希望したいのは、日本式庭園というのはまったく我々の芸術についての見解とあわないので、はっきり排除して欲しい。

日本式は美しく非常に魅力的なことは誰も否定できないのだが、あまりにも不自然で人工的な感じで、一時的なセンセーション以外のなにものもつくりださない。日本式庭園には庭木を人為的にねじ曲げるやりかたがいっぱいある。曲げられた樹木や灌木の悲鳴が聞

明治10年（1877）提出の山手公園平面図　外務省外交資料館蔵

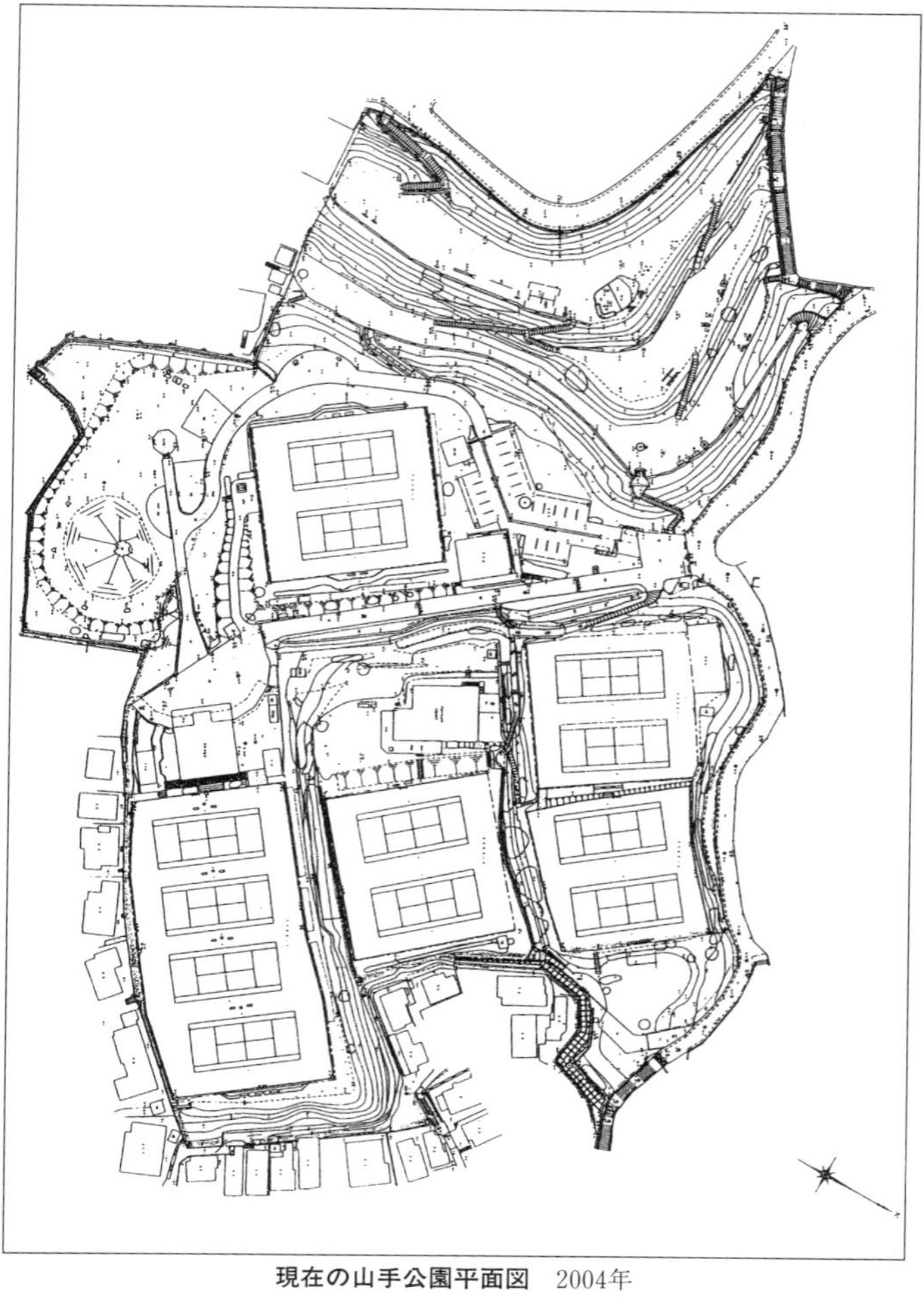

現在の山手公園平面図　2004年

こえそうである。我々にとってこうした庭園は不自然で異常である。イギリス風の計画に基づいた二エーカーばかりの上手に設けられた庭こそが相応しい。」

入園料を取るか取らないか

当時の英文雑誌『ファー・イースト』は、一八七〇年六月十三日で次のように報じている。

「横浜パブリック・ガーデン（山手公園）が開設された。わずか三カ月前に山手の荒地を公園にしようという提案があったが、今、変わった現状に驚くであろう。今月は公園は無料で公開される。イギリス女王陛下の一〇連隊のバンドが、このところ土曜日の午後二回に演奏を行っている。七月一日からはわずかでも入園料をとって公開されるであろう。借地料は日本政府に払わねばならないし、これからの費用も賄わなければならない。さらに、公園は外国の樹木の移植する場所としても大いに役立つだろう。」

しかし、公園の入場料をとるべきか、資金を寄付した会員に特別の権利を与えるのか、会員総会が開かれて双方の意見が交わされた。その結果、入場料もとらずに無料で全ての人に公開すべきだという意見にまとまった。その様子を『ジャパン・ウィクリー・メール』一八七〇年六月十八日号が伝えている。

「我々は先週の水曜日に開園した山手公園に寄付した人々の会合で、寄付した人のみではなく、一般に公開することが決定され、素晴らしい自由な気分になれた。

横浜は通りすがりの旅人や、仕事や観光の旅行者、好奇心をもってアメリカ経由でヨーロッパへ帰ろうとする東洋の滞在者の寄港地になってきた。公共的な行楽地に心ない悪さがされることを防ぐために入場を制限して一般公衆を追い出すことは階級差別になるし、時代にそぐわない。」

しかし、山手公園の運営は、財政が赤字のために行き詰まっていた。その様子を『ジャパン・ウィクリー・メール』一八七一年五月一日号が「山手公園の運営」と題して、会員総会の様子を次のように伝えている。

「委員会が先週の火曜日、商業会議所で開かれた。公園に約三〇〇〇ドルの負債があるという。シーズン中の公園の費用を月一〇〇ドルの範囲まで保証しようと申し出たスミス氏の提案は見送られた。委員会はスミス氏と連携して、もし負債を増やすことなく公園を運営できるのであれば、もう六カ月運営すべきで、できなかったらもう一度委員会を開くこととなった。公園が経済的に自立することが要望される。なぜできないのか、我々は全く理解に苦しむ。公園で十六日にフラワーショーが開かれる。日本人にも褒賞をだすから参加するように勧められている。」

集められた約六〇〇〇円の資金は、造成や東屋、池や橋、広場の芝生に全て使われてしまった。開園した翌四年に神奈川県から発行された「地券」によって、年四〇三ドルの賃貸料の前払いが請求された。しかし、その時には資金は底をついていた。最初取っていた少しの入園料や園内でおこなわれたフラワーショーやドッグショーの収入では到底払えない。

翌年から四年間滞納がつづき、維持のための委員会は行き詰まってしまった。滞納額は一八七一年から一八七六年まで、洋銀で総額二四一八ドル四八セントにまでになった。

英公使パークスは居留民を代表して、日本側で公園の維持管理してくれないかと頼んだが、神奈川県令中島信行に、当時、彼我公園（横浜公園）の工事をおこなっており、両方に金はだせないと体よく断られてしまった。そして中島は「公園之名義ヲ廃シ尋常之地ト為シ此儀相当之地租ニ所望人へ更ニ貸与致し」た方がよいと返書に付け加えている。

神奈川県は各国総領事に納付するよう督促したが、領事会は自分たちには居留民から徴集する権利がないと支払いを拒んだ。こうしたやり取りについて「我政府は自ら此遊園を保存するを好まず、左りとて外人よりは地租納入の義務を果さず、地租を払はざる彼等外人は、我物顔に之を専用して歓楽の場所に供せし」と『横浜開港五十年史』は書いて怒りを隠さない。

このあたりの事情を、横浜市緑政局の「横浜の公園史稿」は、次のように推測している。

「居留地委員会は造営さえしてしまえば、あとは日本政府と交渉して経営できるようにできるのではないかと考えていたのが裏目にでて、日本政府の方は外国人のための公園とあなたたちが言ったのだから、自分たちでどうぞと体よく身をかわしたのではないか。」

日本と居留地委員会と交渉が続いていた一八七六年（明治九）になって、二年前にイギリスではじまったローンテニスが横浜に上陸してきた。ローンテニスはその前におこなわれていた激しい動きのラケッツというスポーツに比べて、優雅で女性向きであることから、居留民の間で人気が高く、このスポーツをするためなら、料金をとってお金を集められそうだということになった。

英・仏・米・蘭の四カ国公使が会合を開き、日本側と協議した結果、「約書」のなかの公園設置の部分を削除し、新たに「婦女弄鞠社」というところに貸し出すこととなった。日本政府との窓口になって事務をすすめたのは、英代理公使のアーネスト・サトウであった。

婦女弄鞠社とは、新しく居留民の女性によってつくられた「レディーズ・ローンテニス・アンド・クロッケー・クラブ（ＬＬＴ＆ＣＣ）」の日本側の表現である。一八七八年七月一日付けで、年額借地料四〇〇ドルを一五〇ドルに値下げして、園内の草木類の保護、不審者の侵入防止を義務づけ、テニスコートは一五〇〇坪以内（公園面積の二〇パーセント）と制限する条件で許可証を発行し、公園全体の管理をクラブに任せることとした。不審者の侵入の件とは日本人ではなく放浪外国人のことである。その婦女弄鞠社が、その後名称は変わったが「横浜インターナショナル・テニス・コミュニティ（ＹＩＴＣ）」として現在も続いている。

公園開設の時期をめぐって

山手公園の中央の広場に一九九〇年に建てられた公園発祥記念碑がある。横浜市長の名で、「山手公園は我が国初の洋式公園として明治三年（一八七〇年）五月六日に開園されました」とあり、同年六月には盛大に開設一二〇周年の式典が開かれた。

しかし、これまで山手公園の開設の時期について、一八七〇年六月付けの新聞が何度も開園の様子を報道しているにもかかわらず、一八七一年（明治四）と書かれた日本側の記述が多く、それが通説となっていた。横浜市の緑政局発行の行政資料にもそうなっていた。

明治四年開設としている根拠は、その年の五月四日に神奈川県知事が、地代総額四〇三ドル七セントで貸すこととし、その徴収のために「山手第弐百参拾番公園地券」を各国領事に提示した日ということによる。

一八七一年開設としている例としては、次のようなものがある。

(1)横浜市立大学経済研究所編『横浜経済・文化事典』（一九五八年）

「山手公園は、明治二年一二月にアメリカ人ベンソンほか三名が総代となって各国領事が連署申請し、山手町二三〇番地面積六、七一八坪を貸用したのにはじまり、明治四年に築成された。」

(2)横浜市『港町・横浜の都市形成史』（一九八一年）

「山手公園はもっぱら外国人の遊歩観光のため、明治四年に設けられた。」

(3)『横浜市史』三巻下（一九五九年）、『横浜市史稿』地理編（一九三一年）は、明治四年の地券交付だけを記述するにとどめている。

(4)横浜開港資料館『横浜もののはじめ考』（一九八八年）は、「居留外国人専用公園としては、一八七〇年（明治三年）六月四日山手公園が開園、翌年地券交付」とし、当時の外国人向けの英字新聞の記事にしたがっている。

以上のように山手公園の開設時期がまちまちであったが、次のような研究資料がある。千葉大学の小寺駿吉は論文のなかで、外務省外交史料館に残っている「地券」は複数あり、それぞれ内容も日付も多少異なっている。『横浜市史稿』は明治四年五月四日の文書を正式としているが、一八七〇年（明治三）年三月の日付のある「神奈川県権知事ヨリ与フル山手公園之地券」の文書の写しを示して、この方が正式文書だと述べている。

こうして、一九九〇年五月の新聞が「明治三年と明治四年と二つの説があり、管理する横浜市緑政局にも、どちらが正しいのという問い合わせがあるなど混乱していたが、同局は明治三年に統一した」と報道しているように、横浜市は明治三年に修正して統一した。やはり開園は一八七〇年（明治三）五月六日が正しいことになる。ただし、これまで開園日を六月四日としてきたが、それは陽暦であり日本は当時陰暦だから、五月六日が正しい表示となる。

W.H.スミス（『ジャパン・パンチ』1875年）横浜開港資料館蔵

山手公園に貢献した二人の外国人——スミスとブルック

山手公園の開設と景観に大きな功績のあった二人の外国人を紹介しなければなるまい。一人はW・H・スミス（William Henrry Smith）と、もう一人はスミスの奥さんの父親であるJ・H・ブルック（John Henrry Brook）である。

スミスは横浜居留地の改善やホテルの経営、公園の維持管理など、公共的な活動に骨身を惜しまなかった人物として伝説に近い人物である。居留地には海外からの一旗組や浮浪者も多かったなかで、彼はパブリック・スピリッテッド・スミス（公共精神の旺盛なスミス）とあだ名されて尊敬されていた。パット・バー女史はその著『鹿鳴館』のなかで、「W・H・スミス氏なる人物がいたということだけでも一八七〇年代初期の横浜は立派でなければならなかった」と書いている。

スミスが一八六二年に横浜にきたのは、生麦事件などの外国人殺傷事件がおこり、居留地の警備のために中国から派遣された英近衛海兵隊中尉としてであった。彼は翌六三年に除隊して、横浜に住む決心をした。泥んこに木の根っこがころがる横浜を、イーストボーンに似た立派な街にしたいと彼は考えた。明るい街灯に照らされ、塵ひとつない道、酔っぱらった水兵などいなくて、広々とした海岸と立派な散歩道、そしてバラを編んで造った入り口のある上品な公園をつくりたいと考えた。

世話好きの彼は、まず海岸通りに「ユナイテッド・サービス・クラブ」を造り、八五番にクラブの建物を建てて居留地のコミュニティづくりを始めた。しかし、建物が焼失したので八三番の「ヨコハマ・ユナイテッド・クラブ」と統合し、彼は一八七六年までその責任者をつとめた。また七三年には二〇番にあるグランド・ホテルの専務もつとめている。

そして、居留地に街灯をつけることにも熱中し、賭けトランプに向かう人びとを呼び止めてガス灯設置の必要性を話し、金をだすためにポケットに手を入れさせるべく説得したという。街は暗くて物騒だったのである。

彼は一時、クリーニング店も経営したが、花や野菜をつくることにも熱心だった。山手公園がつくられる前から、付近の空き地に西洋野菜や果物・花の種を蒔き農園のようにして整備していた。

そして一八七〇年にいよいよ政府との交渉が成立して、山手公園を造ることになるのだが、スミスが中心となって一株二〇円の出資を集めてまわった。こうしてスミスたちの努力で造られたにもかかわらず、居留地民の関心は高まらなかった。

後に『ヤング・ジャパン』の著者J・R・ブラックはこう書いている。

「この頃（一八七〇年）、横浜の山手で公園が開かれた。十分価値のある企てだったが、全くどういうわけか、それ以来一般の人から見すごされていた。長い間その公園の管理は、主としてW・H・スミス氏に依頼してあった。彼がいなかったら、その公園はとっくに日本人地主の手に帰っていたことであろう。しかし、スミス氏の世話で、立派に公園は維持され、居留地の人々の手で、ますます観賞に価するものになった。」

山手公園を公開するにあたり、出資者たちが出資した者だけへの公開を主張したとき、スミスは公園は全ての人に差別なく楽しまれるべきだと反対し、彼は一時管理者を辞任することさえあったという。

一八七七年、負債を抱えてクラブから手をひいたスミスは、妻子とともに神戸に移り、ワトソン商会に勤め、二年程たって再び横浜に戻ってワトソン商会で働いた。その後一八八三年頃、農場経営を夢みて単身でカナダに渡るが、一八八四年カナダのウイニペク総合病院から一通の手紙がとどき、それによると膿血症がもとで四十六歳で亡くなったという。

しかし、一八九二年版のディレクトリーに、ジャパン・ガゼット社のマネジャーとして彼と夫人の名前が掲載されているので、再び戻ってきたのではないかとも疑われるが、詳細は不明である。

ブルックについては、後段のヒマラヤスギの章で詳しく述べるが、横浜の山手に最初にヒマラヤスギを播種した人物である。スミスとの関係でいうと、ブルックの長女のガティがスミスの奥さんである。

一八六九年四月、ブルックというイギリス人の新聞記者が横浜の埠頭におりたった。イギリスから一旗上げる夢をみてオーストラリアに渡ったが、政界にでて失敗し、インドを回って、新天地を求めて日本にやってきたのだ。

埠頭に降りたったとき、彼はオーストラリア産の馬とまぐさに、二人の若い娘をつれていた。長女のガティと次女のマーベルである。若い女性が少ない居留地で評判になったものだ。ガティ嬢は馬を巧みに乗りこなし若い男たちを感嘆させたばかりか、ダンスパーティでは人気を独占した美しい女性であった。

J.H.ブルック（『ジャパン・パンチ』1882年）横浜開港資料館蔵

父ブルックは、横浜で『デイリー・ジャパン・ヘラルド』の編集者を経て社主にもなる。彼が一八七九年にインドのカルカッタからヒマラヤスギの種を輸入し、山手公園を中心に植えたのが、わが国におけるヒマラヤスギの始まりである。

ブルックがヒマラヤスギを山手一帯に植えたのは、一八七九年に横浜に戻ってきた植物好きの娘婿スミスとの共同作業によるものであろう。ブルックは横浜で娘婿のスミスをえたうえ、ヒマラヤスギも育てたことになる。

そのヒマラヤスギは今、山手公園で二抱えにもなる大木となっている。ブルックは一九〇二年に亡くなり、そのお墓は山手の外国人墓地のなかにある。

山手公園でのさまざまな催し

公園ではフラワーショーが良く開かれ、第一回は一八七一年五月二十二日に催された。日本人も参加を要請され、横浜植木会社などが参加している。また傭われた日本人の庭師が花壇をつくったり、公園を飾るのに働いていた。英一〇連隊はここで演奏会を開くだけでなく、クロッケー用の芝生を二面と、木球用の緑地一面を寄贈しており、クロッケー競技会も開かれている。

一八七一年六月三十日の第二回のフラワーショーには日本人も多くの花卉を出品していた。そのなかにはリンゴの木や低木、シダ、アジサイ、ユリなどがあった。外国人ではクラマーが著名人の名前をつけたユリを出品して注目を集めていた。また、キャベツやカーネーション、

将来の山手公園（『ジャパン・パンチ』1875年）横浜開港資料館蔵

ダリアなどがあった。これらの良いものはどんどん売れていった。

土日の休日には、イギリス軍とフランス軍、それに薩摩藩のバンドも加わって、東屋風の奏楽堂を舞台に演奏会が開かれた。公園はいくつもの提灯で照らされ、昼間みるより大きく見えたという。

山手公園は居留地民の社交場であった。一八七〇年九月十六日号の『ファー・イースト』誌によると、こんな様子だったようである。

「山手公園に新しい時代がはじまろうとしている。この二週間内に二度の野外夜会が開かれた。一度はバーチ、ケラーの二人がディゾルビング・ビュー（幻灯）を見せる会を開いた。どこからやってくるのか不思議とおもわれるほどの人出であった。しかし、月光でよくみえなかったので、観衆は失望した。

もう一度は英一〇連隊のバンドの音楽会である。その夕べで一番の関心は薩摩バンドに向けられた。バンドはフェントン氏の指導によって、行進曲など、やや調子はずれであったが、わずか一月の間の練習で立派に演奏できて、真心のこもった拍手を受けた。これは日本人が外国の楽器を使って演奏した最初のバンドである。」

一八七二年には、さまざまな催しが公園で開かれている。

二月の『新聞雑誌』第三十三号には、「見遊会」について次のような記事が載っており、いまでいうオークションも開かれた。また、この当時から日本人には、山手公園は「花屋舗（敷）」あるいは「花園」と呼ばれていた。

「二月二十三日横浜山手二百参拾番花屋舗ニ於テ英国「フルニス」会主ニテ見遊会ヲ催シ、各国ノ物品牛馬羊豚犬猿猫鼠兎鹿等ノ諸種魚鳥介虫類草花野菜類玉石細工品農具磁器其他古器類ヲ集メ博覧ニ供シ、望ニ依テ売買ノ紹介ヲモ致セル由。」

また、一八七〇年（明治三）十二月に創刊された『横浜毎日新聞』の明治五年二月二十二日号には、「草木禽獣などの珍物見物」の会を開くという予告の広告が載せられている。広告主のトーフルユ・エッチ・スミットとは、W・H・スミスのことである。

「布告　今般当港山手花園に於て午後第一字より夕六字迄を限り博覧会を催すの旨趣は、

凡天造人工の差別なく宇内の万物蒐集して万民の知覚を広め、傍ら遊興に設備し、已に英国渡来の人工物並珍禽奇獣を始め其他各種の草木鳥獣および瓊宝珍器諸道具類競て見覧に表す。其数枚挙すへからす。最盛会にして当日東京兵部省より見覧の為楽隊の来臨を約せり。是等別て我輩の善悦する処なり。外に百種の犬を集置中候。

横浜海岸五番　トーフルユ・エッチ・スミット」

「布告　来る二月廿六日昼後第一字より山手三十一《ママ》番花園に於て種々珍敷草木並に禽獣其他色々珍物の類を撰み、是迄船来無之品をも取寄置博覧会相催し候間、老少の差別なく賑々敷御来駕の程奉希上候。但一日限り。木戸銭は壱人前金壱分づゝ。

海岸五番　スミット」

広告では、当日、東京兵部省から楽隊が見学に来るとか、恐らく英一〇連隊と薩摩藩士の軍楽演奏もおこなわれたのであろう、「賑々敷御来駕の程」と日本人にも呼びかけているが、日本人の入園には木戸銭が一分で結構高かったようである。みんなW・H・スミスの工夫であった。こうした催しの収入は、公園の維持費にあてられたが、それでも赤字であった。

また、公園は要人の歓送迎会の会場としても使われている。一八七九年八月には、アメリカのグラント将軍を迎えて歓迎会が開かれ、大変な人出であった。また、一八八三年八月に長い間日本駐在英公使をつとめたハリー・パークスが中国公使へ転勤することになり、その送別会が公園で盛大に開かれている。

薩摩藩軍楽隊と「君が代」

山手公園にはもう一つの物語がある。それは一八七〇年九月七日に出来たばかりの山手公園の奏楽堂で、わが国初の軍楽隊の演奏会が開かれていることである。しかも、そのとき国歌「君が代」が演奏されている。ブラックは『ヤング・ジャパン』のなかで次のように記録している。

「一八七〇年には、国内で洋楽器を相当に演奏できる日本人は一人もいなかった。第十連隊の軍楽隊長のフェントン氏は、数名の薩摩人の教育を引受け、すでに洋式で作った日本製の横笛、ラッパ、太鼓などで始めていた。」

一八六三年の薩英戦争のとき、戦死した英軍兵士の水葬に英軍楽隊が荘厳な儀礼曲を演奏した。指揮をしたのが当時少尉だったフェントンであった。薩摩藩はその曲に感激して洋楽隊を取り入れようと考えた。

一八六九年、薩摩藩は上京していた藩士のなかから若者三〇人を選んで、洋楽を習わせることとし、彼らは十月に横浜に到着、山手の妙香寺を宿舎とした。

間もなく、ロンドンから楽器が取り寄せられ、英陸軍第一歩兵連隊第一〇大隊（通称赤隊）付軍楽隊長フェントン中尉について猛練習がおこなわれた。そのなかには、後の海軍軍楽隊長中村祐庸や陸軍軍楽隊長四元義豊がいた。上達すると、多くの行進曲や歌曲などのほか、ホーンパイプ舞曲まで演奏したという。

演奏会は妙香寺境内や山手公園、また根岸の鉄砲場（現在の大和町）の広場で、赤隊と合同で度々おこなわれた。フェントンは薩摩藩士に国歌をつくることを勧め、当時薩摩藩砲兵隊長であった大山弥助（後の巌）らが、薩摩藩に昔から伝わっていて、めでたいときに歌う琵琶歌『蓬萊山』から歌詞をとり、フェントンが作曲したとも伝えられている。薩摩藩士はそれを練習し、山手公園での赤隊との合同演奏会の翌日、越中島でおこなわれた天皇の「天覧調練」の場で演奏された。それが「君が代」の最初の公式演奏だとされている。

しかし、フェントンの作曲は歌詞とあわないため、中村祐庸が宮内省で新らたに改定作曲し、それを海軍省傭教師のドイツ人のエッケルトが吹奏楽用に編曲した。一八八八年（明治二十一）に海軍省が「大日本礼式」として各国に公表され、事実上の国歌として扱いを受けることとなる。妙香寺境内には「国歌君が代由緒地」と「日本吹奏楽発祥の地」の碑が二つ建っている。

山手公園についで横浜公園が完成

現在の横浜市役所の前、神奈川県庁に向かう日本大通りとをつなぐ位置に横浜公園があり、昔から市民に親しまれてきた。今は横浜スタジアムがあり、横浜ベイスターズのホーム球場として、試合日には歓声が響いてくる。また、開港記念バザーなどさまざまな催し会場として使われている。

この横浜公園にも一つの記念碑があり、その冒頭に「横浜公園は明治九年を以て創設せる我国最古の公園なり、初は神奈川県の所管なりしが、同年三十二年来横浜市の管理に帰し、同四十二年に至りて、改造に着手し――」（一九二九年建立）と書かれている。一方、文化庁は山手公園を一八七〇年（明治三）に開設されたわが国最初の洋式公園として、名勝として指定したのであるが、どちらが「最古」といえるのであろうか。

山手公園も横浜公園も、前に述べたようにそもそもの出発は、一八六六年（慶応二）に、幕府と居留各国との間の協定（慶応約書）からである。協定の第一条中に「旧来港崎町の地所を外国並びに日本彼我用ふへき公の公園となし、是れを拡め平坦になし樹木を植えつける事を日本政府にて契約せり」とあり、第一〇条では山手に居留地を拡大し公園を設けることが約束されていた。

この協定以前の一八六四年（元治元）の幕府との「横浜居留地覚書」では、港崎町の周囲の湿地を埋め立てること、その後、港崎遊廓を移転することが約束されていた。横浜公園はこうした居留各国との約束の上で実現したのである。

しかし、実際の作業は一八七一年（明治四）になって、R・H・ブラントンの設計図ができてからであった。しかも、その設計に各国の間の意見の違いがあり、結局、日本大通り側に予定していたクリケット広場を公園中央に移して設計をやり直した。また、工事費を日本側と折半にするはずであったが、その交渉も長引き、完成して彼我公園として共用を開始したのは、一八七六年（明治九）五月になってからであった。

真ん中のクリケット広場は、横浜クリケット・クラブが有償で専用し、そこに芝生が植えられ、乗馬や野球・テニスもおこなわれた。一八八〇年代に撮影されたという横浜公園の写真には、右側にテニスコート二面が写っている。

その横浜公園の「我国最古の公園」と書かれた記念碑を「公園由来碑」とみる人もいるが、後の碑面文でわかるように山手公園の記念碑とちがって、日本最初の公園を確認するとか記念するために建てられたものではない。関東大震災の時、周辺の猛烈な炎に追われた大勢の市民が公園に避難して助かったことへの感謝の意味でおこなった「謝恩植樹記念碑」である。そのなかに「最古の公園」という言葉が使われているが、厳密に考証して最古であることを記念する意図ではない。

もう一つ、山手公園をわが国初の公園の発祥と呼ぶことに難色を示す意見もある。それは、山手公園は居留地外国人専用としてつくられたもので、一般の日本人が自由に出入りできなかったのだから、「公」園とはいえないのではないかというのである。

そうした見方もまったくは否定できないが、しかし、横浜公園の半分の芝生部分は、クリケット・クラブが一九一三年（大正二）に、矢口台に土地を購入して移転するまでは、日本人立ち入り禁止だったのである。山手公園は前に述べたように外国人の間でも議論のうえ、差別にならないように無料一般公開しようと決め、また、公園での催しには日本人にも参加を呼びかけていた。

一八七三年（明治六）の太政官布達によってわが国の公園制度が始まるわけだが、山手公園はその趣旨の先例となるもので、一八七〇年の「新鐫横浜全図」にも"Public Garden"、日本語で「公園」と記されている。

確かに横浜公園は外国人居留地と日本人街との境界の上にあり、市民から良く見えるし、また憩いの場として長い間親しまれてきた。しかし、山手公園は山手本通りからも見えない奥まったところにあり、明治政府が土地を有償で外国人クラブに貸し付けるという管理のやり方をとってきた。テニスコートは戦後まで外国人の専用であり、そうした外国人用というイメージが長く残っていたことが、市民になじみの薄いものにした原因であろう。

物語その3

テニス発祥の地・山手公園

横浜と神戸の外国人によるインターポートマッチのメンバー　1927年
横浜インターナショナル・テニス・コミュニティ蔵

テニスを楽しむ女性たち

横浜は欧米文化の受け入れ窓口として、文明開化の先端をきることとなった。外国人のために設定された横浜居留地には、イギリス人、アメリカ人など各国の外国人が住みはじめ、そこには小さな外国人のコミュニティがつくられた。その居留地に持ち込まれたさまざまな欧米の文物や風俗・習慣が、次第にわが国に取り入れられていく。そのなかに、欧米で盛んに行われていた各種のスポーツがあった。

とくにスポーツに熱心であったのはイギリス人であった。彼らが持ち込んださまざまなスポーツのなかで、クリケット、クロッケー、競馬、フットボールなどの他に、ローンテニスがある。

一八七六年六月十七日号の『ジャパン・ウィクリー・メール』に載った「ローンテニス」と題する記事にテニスを楽しむ人たちの様子が活き活きと書かれており、プレーの方法についても論じられている。一部を紹介しよう。

「習慣になっているお茶の時間の後、大勢のプレーヤーや観客が山手公園に集まってくるのを見るのは、実に楽しいことだ。ローンテニス・コートへ通じる斜面で、試合が終わった人やこれから試合に入る競技者たちがベンチの周囲に集まり、ベンチでは観客たちが試合をみていた。他方、プレーヤーたちは活気にあふれて運動を楽しんでいた。

婦人をパートナーとしてゲームをするのと男性とするのと、どっちが楽しいかについてはいえないが、観客の楽しみから言うならば、婦人の存在は疑いもなく大きなプラスである。彼女たちが手に軽くラケットを握って、それを振るのは実に優美なものだ。どんな動作にも大変魅力を感じさせる女性がいるもので、たとえそれが彼女の失敗であったとしても、男性が上手に技を発揮したときよりも、ずっと観客に満足を与えた。

ローンテニスは運動の形態として、称賛されすぎるということはない。退屈でのろのろした散歩や馬車を乗り回すことに代わって、ローンテニスはこのうえない食欲への健康な増進剤になる。それとともに、東洋の夏での回復剤、すなわちわれわれに短時間ではあるが健康的で静かで快適な睡眠を保証してくれる。世界の半分の人が、ベットのうえで寝返りをうっているのに、テニスプレーヤーは気持ちよい夢の国にいるのである。」

はるか極東の居留地のなかに押し込められていた彼女たちには、故郷での流行に敏感であった。当時、男性社会であった居留地のなかで、女性は少数であり、日常生活はきわめて退屈な毎日であった。彼女らは入港する汽船をみては本国故郷のことを思い、強い郷愁にかられるのであった。

本国で流行しはじめたローンテニスの道具は、早速クリッパーに乗せられて横浜の港に届けられた。彼女たちにとってローンテニスは、憂さをはらす適当なスポーツとして歓迎されたのであろう。早速、女性だけのクラブをつくり、午後には連れだって馬車に乗り、横浜山手の公園に集まったものであった。馬車の先を馬丁が走り、タブの樹を左に回ると山手公園が開けて見える。入り口には馬車回しの広場があった。

それまでのイギリス女性のスポーツは、優雅だけれども退屈なクロッケー（日本で高齢者に人気のゲートボールに似たもの）が主で、芝生の上の社交場でしかなかった。それに替わって、ローンテニスという新しい活動的なスポーツが女性の心を捕らえた。こんな素敵なスポーツが男性に独占されるのは、彼女らにとって我慢ならなかったのだろう。

ロングスカートでテニスをする婦人　(Jeanne Cherry, Tennis Antques & Collectibles, 1995)

おしとやかな女性のプレーぶり

しかし、そうした当時の女性プレーヤーたちも、今にくらべるとプレーの仕方も服装もおしとやかなもので、絶対に肌を現わにしてはいけないものだった。ベールと花付のボンネット、糊つきのカラーをつけたフリル付の長袖のブラウスに、襟元にはいつもリボンかタイが結ばれていた。芝生までとどくロングスカートにハイヒールというバッスルスタイルの散歩着で、今日のように短いスコートの下からフリルのついたショーツがみえることは、まちがってもなかったのだ。

当時のエレン・ハンセン嬢は「ペチコートを下につけ、ひだがたくさんあってかさばるスカートを片手につまんで、走るものですから、強いボールは打てなかったわ」と回想している。サービスはもちろんアンダーハンド。ちょこちょこと小走りに、時にはスカートを踏んでころんだりしながら、チョコンと打つのが女性のテニスであった。だからスカート釣り上げ器という道具があった。

当時、女性の試合には二バウンドまで認めてはという声まであったという。まだまだ優雅さが女性の美徳であった。しかし、一九〇五年にアメリカのメイ・サットン嬢が短いスカートをはき、長袖のブラウスをまくり上げてコートを走りまわり、ウィンブルドンの保守的な男性たちをアッといわせた。さらに一九一九年にフランスのランラン嬢が、胸もあらわなノースリーブの短いワンピースに、帽子の代わりにバンダナを巻いて現れて優勝し、時代を決定的なものにした。

明治三十二年頃のことだが、山手公園内のテニスコートで外国婦人たちがテニスをしているのを見た当時の横浜商業高校の三沢進校長は、「公園地で婦人が芋上げざるでボールを打ちあっている」といったものであった。たしかに、激しい運動をともなうラケッツにかわって入ってきたローンテニスは、女性たちにとって適当なスポーツとして歓迎されたのであろう。

イギリスでの近代テニスの始まり

十八世紀頃からコートテニスとかラケッツという室内でおこなわれていたボール競技を改良し、屋外の芝生の上でおこなうローンテニスがイギリスでつくられたのは、一八七四年のことである。ローンテニスが横浜に上陸し、初めてプレーされたのは一年半後の一八七六年（明治九）春頃の山手公園においてであった。ウィンブルドンでの第一回大会の前年のことである。

近代テニスの発祥について、さまざまな説が唱えられているが、定説となっているのはほぼ次のようである。すなわち一八七三年、イギリスのモンゴメリーシャーの領主であったウォルター・クロンプトン・ウィングフィールド少佐（Walter Clompton Wingfield）が、当時人気のあった室内スポーツである「コート・テニス」（Court Tennis）と「ラケッツ」（Racquet）と「バドミントン」（Battledore and Shuttlecock）を改良して、新しく戸外の芝生の上でのスポーツを考案した。彼は自分の考案したスポーツに「スファイリスティクまたはローンテニス」（Sphairistike or Lawn Tennis ）と名付け、一八七四年二月に特許を申請すると同時に、一二条からなるルールブックと用具を売りだした。

ルールブックにウィングフィールドは、次のように書いている。

「テニス・ゲームは、Sphairistike（ギリシャ語でプレーの意味）の名で古代ギリシャにその源を求めることができる。その後は、Pilaの名でローマ人によって行われた。シャルル五世の治世にはフランスの貴族の粋なゲームであったし、ヘンリー三世の時代には英国で流行した。ゲームそのものがむずかしく、コート施設に少なからぬ費用がかかるため、最近はすっかり沈滞してしまっているが、いまや、〝ローンテニス〟の発明によって、これらの障害は過去のものとなった。ローンテニスは、コートテニスの面白味をすべてそなえ、老若男女を問わず屋外でプレーできる長所をもっている。」

一八七五年三月にウィングフィールドは、メリルボン・クリケット・クラブでフィッツジェラルド卿の提案によって競技を公開し、規則定立委員会の審査に合格した。その結果、統一規則がつくられ「パピヨン（蝶）」と名付けられた。その方式は現在のテニスとは違って、ネットの長さがベースラインより狭く、砂時計のようにくびれていた。さらに本書九二ページの図のようにネットから三角形に側壁となるネットが張りだしており、コートテニス時代の形を残していた。ネットの高さは中央で四フィート、支柱の所で五フィートあった。ボールは丸いゴムを空洞にしたもので、覆いのないものであった。得点方法はラケッツと同じように、一・二・

三と一点ずつ計算し、一五点先取によって勝敗を決めた。

こうしたウィングフィールドが考案したローンテニスの特許申請に対して、これまでのラケッツなどと大きな違いが認められないなどの非難が起こり、多くは普及しなかった。一八七四年十二月になって、かつてのコートテニスのチャンピオンであったジョン・ヒースコートが、ボールを白のフランネルに包んでよくコントロールできるようにした。これがロンドン郊外のウィンブルドンにある「オール・イングランド・クロッケー・クラブ」のオーナーであるW・ウォルシュとヘンリー・ジョーンズから注目された。クラブではこのボールを使ったローンテニスとバドミントンを取り入れるために、一八七五年に敷地を買い足すことにした。

ヘンリー・ジョーンズはルールの改善に取り組み、コートの形を現在のように長方形にし、ネットの高さも下げ、得点方も一五・三〇・四五と数えるかつてのコートテニスのやり方を取り入れ、クラブでも承認された。その間にヘンリー・ジョーンズは、クラブの名称を「オール・イングランド・クロッケー・アンド・ローンテニス・クラブ」と変更し、一八七七年に賞金を付けた新しい「チャレンジ・カップ」の開催を予告した。

一八七七年七月十九日に第一回のトーナメントがウィンブルドンで開かれた。シングルスだけであったが、ルールはほぼ現在のテニスと同様であった。ダブルスは翌年の第二回大会においこなわれたが、ここに近代テニスが完全に創設されたこととなった。したがって、今日の近代テニスは、一八七四年にウィングフィールドによって考案された後、ヘンリー・ジョーンズによって改良され、一八七七年にウィンブルドンの「オールイングランド・クロッケー・アンド・ローンテニス・クラブ」において実現されたということになる。

日本でのテニスの始めはどこか

歴史上の事実を証明すること、ここでは「もののはじめ」のことだが、つい百年程度前のことでも曖昧なことが多い。これまで確かな事実とされたことにも誤りがある。また、定説とされているもののなかに、検証されないまま孫引きされたままのものがたくさんある。しかし、一旦定説となったものを訂正するのは容易なことではない。

たとえば、ベースボールの日本渡来について、これまでの定説は明治六年に東京の開成学校(東大の前身)でアメリカ人教師ウィルソンが紹介したのが始まり、とされてきた。しかし、最近、明治四年に横浜で発行されていた新聞に、一八七一年(明治四)十月三十日の日曜日、横浜公園でアメリカ船の乗組員と居留民との間で野球試合がおこなわれたという詳細な記録があることが発見された。しかし、東京説はまだ訂正されていない。

研究の結果、テニスの日本での始めについては、一八七六年(明治九)六月に山手公園でおこなわれていたという記録があることが確認された。正式に専用コートをもったクラブとしては、一八七八年七月に明治政府から認証されて創立された「婦女弄鞠社」（レディーズ・ローンテニス・アンド・クロッケー・クラブ、ＬＬＴ＆ＣＣ）であることが明らかになった。わが国で最初に生まれた正規のテニス・クラブである。

これまでのテニスの歴史関係書では、明治政府が欧米の体操術を学ばせるためにつくった体操伝習所（後の東京高等師範）に招聘され、一八七八年九月に来日したアメリカのアームスト大学体操生理学のリーランド博士が、本国から道具を取り寄せたことになっている。日本体育協会『スポーツ八〇年史』（一九五八年）は、「一八七八年九月に来日したアメリカのリーランド博士が取り寄せて、東京に設立された体操伝習所で教えたのが始まり」と書いている。

これまでテニスの渡来についてはいろいろな説があり、全部で二〇くらいにはなる。古いものでは、石井研堂『明治事物起源』（明治四十年）のなかでは、「我国の、庭球輸入者の誰なるや、未だ窮めざれど、麹町区永田町なる東京クラブこそ、其元祖なるべく、時は明治十七、八年頃にありといふが、唯僅か、一部の人士に弄ばれたに過ぎざりし」ときわめて曖昧にしか書かれていない。

針重敬喜『日本のテニス』（昭和六年）は、「テニスが日本に伝えられたのは明治初年のことで、六、七年頃に高楠順次郎、南岩倉具威男などがやったと伝わっており、また同じ頃神戸では外国人たちがテニスをやっていたと当時の実見者が語っている。また、宣教師たちがこの頃日本各地でテニスをやったらしい」としたうえで、「本格的に紹介されたのは、明治十一年にアメリカのアームスト大学のリーランド博士が明治政府の招きで来日し、東京の体育伝習所でアメリカから業々取り寄せた用具を使ってテニスを教えのである。しかし、どれだけ広めることに役だったかは解らない」と書いている。

しかし、高楠は一八六六年生まれで、もしその頃テニスをやったとすれば八、九歳のことになってしまう。また、明治六、七年頃、神戸で外国人がテニスをやるのを見た者が語っているというが、イギリスでウィングフィールドが初期のテニスを考案したのが一八七四年（明治七）で、やや今日のようなテニスの形ができたのが明治九年だから、少し早すぎるだろう。

針重が原典にしたのは、『東京高等師範学校庭球沿革史』（大正三年）の「抑々我国に庭球の輸入せられたのは明治十一年の米人リーランド氏の本国より取り寄せたのに始まる。我が高等師範学校では明治十七年坪井先生来任の頃既にラケットを備えてあったそうであるが未だよくおこなわれず」の記述らしい。これがリーランド伝来の通説となったものであろう。そして「取り寄せた」が、「その時もってきて」になってしまう。

このほかの神戸説もある。神戸の明治六年創設の雲中小学校『六十周年記念誌』（昭和八年発行）の「東遊園地は市内の公園中、其由来最も古く、明治三年頃既に外人がクリケット競技、競馬等を挙行して居り、外国人倶楽部もつとに建設され、ローン・テニスの設備もあり、神戸唯一の運動場として其の存続が久しきに及んでいる」であるが、これと同じ文章が、昭和六年二月十七日付けの神戸新聞にでているから、記念誌はそれを引用したものであろう。明治三年ではローンテニスはイギリスでもまだできていない。

この他、長崎グラバー邸などの説があるが、史料となる確かなものは存在しない。

一八七六年（明治九）六月、山手公園で

リーランド博士取り寄せ説について、当時の文部省年報や体操伝習所年報などの記録にはリーランドが離日する一八八一年七月までの体操伝習所の備品のなかに野球の道具、蹴毬、循環球などはあっても、ローンテニスはない。また、他にリーランドがテニスの道具を持参または取り寄せたことを示す資料がない。

卒業生にもリーランドに教わったという者もいない。たしかに、その当時の博士の講義を基にして、弟子の坪井玄道が明治十八年に発表した『戸外遊戯法』のなかにローンテニスの項目があるから、当時欧米でおこなわれているスポーツの一つとして講義のなかで取り上げたのかも知れないが、道具をもって実際にテニスを教えた事実は発見できない。

神戸の松陰女子学院大学の表孟宏教授は、「日本における近代スポーツの発展に関する一考察」の論文のなかで、伝来の諸説を比較検討し、一八七八年にリーランドが来日の時にもってきた

のではなく、「厳密にいうとその後六年くらいの間に、体操伝習所に取り寄せられた」のではないかと推論している。さらに「近代テニス（長方形のコート）の日本伝来は『明治十三〜十六年』と考えるのが正しいようである。そしてその場所については、今まで述べられている神戸、横浜、長崎などの各地において相前後して行なわれるようになったと推察すべきであろう」と、複数ルート説を述べている。

横浜については、一八七六年六月十七日号の『ジャパン・ウィクリー・メール』に、横浜クリケット・クラブの一八七六年三月三日に開かれた年次総会に、横浜公園のクリケット・グラウンドをローンテニスにも使用させて欲しいという申し出があったという記録がある。

また、一八七七年十月六日の同紙には、「一八七七年には、レディーズ・ローンテニス・アンド・クロッケー・クラブはあった。十月から十二月までの三カ月の間、月水金の三曜日、横浜公園のクリケット・クラブのグラウンドを借りた。最初のプレーは十月十日（水曜日）であった」と書かれている。

また、中区矢口台にある最も古い外国人のスポーツ・クラブである横浜カントリー・アンド・アスレティック・クラブ（YC&AC）の一九五一年二月発行の機関紙に「一八六七年以降のヨコハマにおけるスポーツ——古いスクラップ・ブックより」の記事があり、当時の居留地での外国人たちのスポーツの回想文が紹介されている。

「ローンテニスは横浜に一八七五年までは導入されなかったが、それ以後はレディーズ・クラブによって行われた。しかし、それ以前に始めは中華街の真中に、後にはクラブ・ホテルの後側に、ラケッツ・コートがあった。レッド・コート（英連隊）の部隊がいたときは、この素晴らしいゲームはうまく行われていたが、一八七四年にレッド・コートが引き上げると、参加者は減少した。そしてローンテニスが始まると、お金はそんなにかからないし、また婦人も参加できるということで、ラケッツ・コートは人気を失い、結局は閉鎖された。」

ラケッツというスポーツは室内でおこなわれたローンテニス以前の球技で運動の激しいものであった。

テニス発祥記念碑の除幕式（右は元会長のミセス・ファクトマン）1978年

これらのことから、ウィンブルドンでテニスが試技された翌年の一八七六年春頃には、横浜の山手公園で、また翌年には横浜公園でもローンテニスがプレーされていたことは明らかであろう。この『ジャパン・ウィクリー・メール』の記事が、わが国へのテニス伝来の確かな史料だろうと思う。ただし、そのコートの形やルールまでは明らかではない。

そして、二年後の一八七八年七月になって、婦女弄鞠社（レディーズ・ローンテニス・アンド・クロッケー・クラブ）が、神奈川県知事と土地借用契約を結び、山手公園内に専用の五面のコートを持ったわが国最初のテニスクラブとして正式に発足するのである。

以上が、これまで判明したテニスことはじめの経過である。

初のテニス・クラブ「婦女弄鞠社」

婦女弄鞠社が、山手公園を管理することになったその経過を簡単に述べよう。一八七〇年に外国公使団と日本政府の間に外国人専用の公園を設けることとの協定が結ばれ、山手にある妙香寺境内の一部を外国人居留民に貸与することとなった。

しかし、居留外国人だけの専用の公園として地代を払ってまで維持していくことが困難となり、居留地参事会は日本政府による管理の肩代わりを度々要請していた。

日本側は当時横浜公園を建設しており、山手公園と二つを維持していくことは財政的に困難であったため、その要請には応じなかった。そこで、当時のイギリス公使のアーネスト・サトウは日本政府と交渉し、一八七八年七月一日に山手公園を一旦日本に返還した形をとった上で、あらためて地代を四〇〇ドルから一五〇ドルに値下げして婦女弄鞠社に貸与することとしたことは、既に述べた通りである。

『横浜市史』三巻下には「婦女弄鞠社場　六、九三三坪一私団体、借地料洋銀二・一六三五六ドル。この地区も前約書第十一条により貸与した。しかるに借主が借地料を納付しないために、明治一一年中に外務卿より各国公使に照会し、該約書中の公園に関する事項を廃棄してこれを返還させ、その後改めて婦女弄鞠社に貸与した」と記載されている。

一八七七年十月に、貸与について外務省が神奈川県知事に照会した文書では、婦女弄鞠社に「レデーズ、ラウン、テニス、アンド、クロケット会社」という名称が使われており、さらに張紙があって次のように書かれている。

「『ロウン・テニス』ハ庭前ノ芝地ナトニテ手或ハ小挺ヲ以テ球ヲ投スル遊戯ノ名『クロケー』ハ地上ニ球ヲ置キ挺ナドヲ以テ之ヲ走ラスルノ遊ビ依テ『レデース、ラウン、テニス、エンド、クロケット』ヲ訳シテ婦人投球及走球戯トモ可申カ」

以上のような経過で、山手公園の管理は婦女弄鞠社（LLT&CC）に任せられることとなったが、敷地のうち約四分の一にあたる一五〇〇坪をスポーツ専用として使用するという制限がつけられている。こうして、山手公園にすでにつくられていたローンテニスとクロッケーのコートが、婦女弄鞠社の管理の下で正式に出発することになる。

テニス・クラブが発足すると同時に石田亀吉という日本人がコート整備のために雇われた。

妻のしげ子も一緒に働いていた。日本には芝はなかったし、コートをつくる技術もなかったので、芝の種やトルフ（草土）も輸入して、イギリスから二人の庭師がきてつくっていたという。亀吉はコートの草取りをしたり、ボール拾いをやったり、たまにはメンバーが足りないときは、印半纏に腹掛姿にわらじをつけて相手をしたという。大箱入りのボールやラケットは本国からとりよせたが、困ったのは良く切れるガットで、羊腸（シープ）がなかったので、方々探したあげく牛の腱をつかったという。

女性上位のテニス・クラブの運営

一八七七年版の『ジャパン・ヘラルド』の住所録に「ローンテニス・クラブ」が記載されているのをみると、役員はすべて既婚の婦人である。最近、そのクラブの一八八〇年頃のものと思われる会則が見つかったので紹介しておきたい。正会員は女性だけで男性は名誉会員とされ、それも女性会員の投票によって承認された。また、会費のなかに「お茶代」を含むとあるのが、いかにもイギリス風である。いずれにしても、わが国へのテニス導入の主役は女性だった。

⦿レディーズ・ローンテニス・クラブの会則

1　このクラブは「レディーズ・ローンテニス・クラブ」と呼ぶ。

2 会員および名誉会員の数は制限しない。一六才以下の者は会員や名誉会員としない。

3 入会を希望する婦人は、一人の会員から提案され、他の賛成を必要とする。会則第八条にしたがい、ただちに投票によって決定される。

4 男性は名誉会員とし、会員の提案にたいする投票によって決められる。会員と名誉会員が横浜を離れ、その留守の間に会費を払うことを望まない場合は、書記に届けて休会会員のリストに名前を残すことができる。その届けがない場合は会員名簿から削除され、再び入会しようとするときは、もう一度投票にかけられる。

5 一カ月以内の横浜への旅行者は、会員の提案や賛成によって何時でも入れる。名前はただちに名簿に記入される。

6 会員は入会金として五ドルを払い、お茶代を含む年会費は六ドルで、毎年五月と十一月に半年分を前払いできる。名誉会員の会費はお茶代をふくめて年一〇ドルで、半年分の前払いとする。名誉会員の入会金はいらない。

7 クラブの運営は会長と四人の委員がおこなう。欠員が生じた場合、委員会から補充される。

8 会員を選ぶ投票は二カ月前に委員会が決定する。すくなくとも一〇人以上の会員が、候補者の名前に、イエスかノーを記入し適当な場所におかれた投票箱にいれる。一〇票のうち二票が反対であれば拒否される。投票が指定された日に必要数に達しなかった場合、委員会はその後投票箱を会員に回して必要な数を得るものとする。

9　候補者の名前は投票の一週間前に庭に掲示する。

10　委員会によって決められたゲームのルールは厳密に守られねばならない。

11　多数の会員がグラウンドにあつまった場合は、最初に始めたプレーヤーは一セットで待っている人に譲り、最初のプレーヤーに回るまで順番に交替して調節する。プレーしたい会員は名前を記帳し、その順番でプレーする。

12　問題があれば委員会で決着される。

13　委員会は付則に準拠する。

14　総会は年一回、五月に招集される。クラブの会員一〇人の署名によって要求された特別総会は委員会が招集する。すべての総会は委員会によって一週間前に通知される。定数は十一人。

15　子供と犬はグラウンドに入ってはいけない。

16　会則に違反したり不作法な会員や名誉会員は、十一人以上の総会の多数決によって除名することができる。

付則　会員も名誉会員もビジターも芝生でプレーするときはテニスシューズか踵の無い靴をはかねばならない。

横浜への訪問者でクラブでプレーしたいと会員から申し出であり、かつ二人の会員から支持され、名前が書記に登録された者は、一カ月に一ドルを払うこと。

一八七七年から七八年頃のテニスクラブの役員はどういう女性たちであったのだろうか。彼女たちについて詳しい資料はないが、当時の住所録から知りうるのは、会長のジョンストン夫人の夫はボルネオ・北部イギリス会社の代理店であるフィンドリー・リチャードソン会社員で、七番地に住むイギリス人であることと、一八八二年に亡くなり、横浜山手の外国人墓地にお墓があることが知られている。

ベィーン夫人は山手一六二番に住んでいて、夫は北中国保険会社の代理店に勤めている。ディフィンガー夫人の夫は、世界海上保険会社の代理店であるアダムソン&ベル会社に勤務して、三六番に住んでいた。フィッシャー夫人の夫はスコットランドの火災と生命保険会社の代理店をやっており、一四番に住んでいた。会計担当のリケット夫人は、イギリスの東方航路の代表的な汽船会社であるP&Oの支店長夫人で、一五番に住んでいた。書記のブレント夫人の夫はハドソン商会に勤務し、山手二七番に住んでいた。

初代の会長のM・ウィーラー夫人は、居留地で有名な医者であるE・ウィーラーの夫人で、山手九七番に住んでいた。夫のE・ウィーラーは一八七〇年にイギリス海軍の軍医として来日し、その後明治政府の工務部の鉄道医を経て山手で開業していた。一八八三年に山手病院の七代目の院長を勤めている。彼は乗馬をはじめとしてスポーツマンでテニスもよくしたらしく、テニスをしている漫画が一八八二年の三月号の『ジャパン・パンチ』にとりあげられている。

新たに加わったダグラス夫人の夫は、ウィットフィールド&ドーソン会社に勤めており、山手一八四番に住んでいた。もう一人のウォルシュ夫人の夫は、ヤンツェズ上海保険協会の代理店であるウォルシュ・ホール商会で、ジャーディン・マセソン商会の隣の二番地にあった。

男性はこうした女性委員の審査と投票をうけて、初めて名誉会員になれるのだが、希望者が多くてなかなか大変だったらしい。最初の頃は入会者はイギリス人だけに限られ、男性も名誉会員になれたのは、一八八〇年代に入ってからだという。

一八八九年（明治二十二）のクラブの会計報告が、『ジャパン・ウィクリー・メール』に載っている。それによると、収入が一一〇五ドルで、会費・入会金が八〇六ドル、事業収入が一二九ドル、ビジターフィーの四八ドルが主なもので、支出は借地料が一五〇ドル、公園修理費が五九七ドル、クラブ管理費が三一一ドルとなっている。公園修理費のうち四四六ドルが庭師などの人件費に、一五〇ドルが修理費に使われており、クラブが公園全体の維持管理をしていたことがわかる。

一九二〇年代にクラブのメンバーであった米国婦人のセオダテ・ジョフリーは『横浜ものが

たり』で、当時のクラブを次のように回想している。

「LLT&CCは全く英国風で、その厳かな気取り方は異郷に暮らす人々の果敢な努力の結晶というべきであろう。幕府は居留地設定の際、南に面した山手の広大な土地を遊戯用に提供し、一部は公衆用の公園にすることを条件とした。その為、丘の上のイギリス風の芝生には金髪でピンクに頬っぺをした赤ん坊達を連れたアマたちが集い、麓の土の運動場では着物と下駄の男の子達が野球のまね事をしていた。中間に三段階の丘があってここにテニスコートがある。二〇フィートもある三段の崖にはツツジが埋め尽くされ、よく修業をつんだ時にはボール・ボーイも兼ねる植木屋さんによって手入れが行き届いていた。五月晴れの午後、一点の曇りもないコートに二人のボール・ボーイにかしずかれ、満開のツツジのピンクの垂れ幕に囲まれてテニスを楽しむ——これこそ究極のスポーツでなくてなんであろう。

しかしエデンの園と称ばれる所が往々そうであるように、この楽園もごく限られた少数の人たちのものであった。LLT&CCのメンバーになるのは英国宮廷に招待されるくらい難しかった。十二人の婦人たちがこのクラブの采配をしきっており、毎月運命的な黒い投票箱を前に、スポンサーの推薦付き入会希望者が吟味された。男性会員は御法度である。しかし、審査に通れば、会費を払ってコートでテニスを楽しむ恩恵に浴した。この特典希望者の男性は、委員各位を個人的に正式訪問して審査に応じなければならなかった。

思うにＬＬＴ＆ＣＣはユーナイテッド・クラブが紳士専用になっていることに対する反抗の現れであろう。ともあれ婦人達のテニスクラブ運営は見事であり、普通の婦人委員会などというものよりはるかに仲良く機能していた。」

ヘボン博士と少女クララの日記

テニスは山手公園や横浜公園などでおこなわれていたばかりでなく、外国人の一般家庭の庭でもおこなわれるほどに普及していた。

一八八八年に来日し、後にドッドウェル商会の支配人となったＯ・Ｍ・プールは、関東大震災の体験を書いた『古き横浜の壊滅』のなかで、震災前の山手居留地風景をこう書いている。

「初めは、重い瓦ぶきの屋根と鉄の柵と、それにたぶん馬つなぎの柱に使うため、さかさに立てたキャロネード砲とを取り合わせた、小さなオランダのバンガローふうの住宅がいくつかあっただけだが、やがて、ありとあらゆる型式の家屋ができて、それぞれのお国柄を反映するようになった。（中略）ほとんど例外なく、どの住居にも十分な広さの庭があり、ときにはそこにテニスコートもついていたが、また高い垣根の裏側には、花の咲く生け垣や、立木や、やぶがあって、隣家や道路からの目かくしになっていた。」

一八七八年、英語教師に招かれたアメリカ人のホイットニー一家は東京に住んでいたが、当時十七歳のクララの『日記』には、横浜でテニスをプレーしたことが書かれている。

一八七八年六月二十二日に彼女は、東京から横浜居留地の谷戸橋側のヘボン家を訪問した。そのときのことを、彼女は次のように書いている。

「ヘップバーンさんの家にいってみると、夫人はシモンズさんのところにテニスをやりにいく支度をしておられた。私もお伴をする支度をした。シモンズ先生、ウインさん、ハッティ・ブラウンとガシー・ヴィーダーがテニスをしており、老婦人方やテニスの習いたての人たちがテラスにおられた。ガシーが私を歓迎してくれた。ヘップバーン夫人にくっついてテラスの方へ歩いていくと、ヘップバーン先生が、ベールを取ってご婦人方にご挨拶しなさい、と言われた。私はせいいっぱい愛想よく挨拶をした。ヘップバーン夫人は私を側において、いろいろ私について親切な説明をみんなにして下さった。やがてお茶とお菓子が出され、私はガシーとルース・クラークのいるところにいった。雨が降ってきて、テニスをやっていた人たちも、中に入ってきたのだった。」

ここにでてくるヘップバーン先生とは、ヘボン博士のことであり、山下公園に近い谷戸橋際から山手居留地の二四五番に移り住んでおり、その隣の一二〇番がシモンズ邸であった。シモンズとは、宣教医として来日していたドクター・シモンズのことで、当時、野毛山にあった十全病院の院長をしていた。シモンズの邸内にテニスコートをつくったのは、何事にも活発な奥さんのためであったといわれる。また、クララの日記には、同じ年の九月十二日、東京のサットン家でもテニスをしたと記録しているところ見ると、当時の外国人邸のかなりにテニスコートが作られており、家庭でも楽しまれていた。

これらはすべて山手公園でレディーズ・ローンテニス・アンド・クロッケー・クラブが、正式にテニス・クラブとして認定される前後のことである。ここにでてくるローンテニスは、年代からいっても、恐らくウィンブルドン以後の近代テニスに近いものであったであろう。

また、山手居留地にはもう一つテニスコートがあった。それは、現在の「港の見える丘公園」の側に一八七九年（明治十二）に英国海軍病院がつくられ、その庭にテニスコートがあった。関東大震災の時には、このコートのネットを崖下にたらし、それを伝わって避難したという。

当時のテニスはこんな風に

一八七六年六月に山手公園でおこなわれたテニスのやり方は、一八七八年の第一回のウィンブルドン大会以前のものであった。テニス発祥記念館に展示してある箱入りのテニス道具一式はその当時のものである。

図のように、コートの形は、長さは二三・七七メートルで現在のものと同じだが、ベースラインの幅は九・一四メートルで現行のシングルス・コートの幅より九〇センチ広い。しかし、ネット中央の幅は七・三メートルで現行より九〇センチ狭く、真ん中がくびれており、台形を二つ合わせた形である。サービス・ラインはネットから七・九二メートルのところに引くから現在より広くなっている。

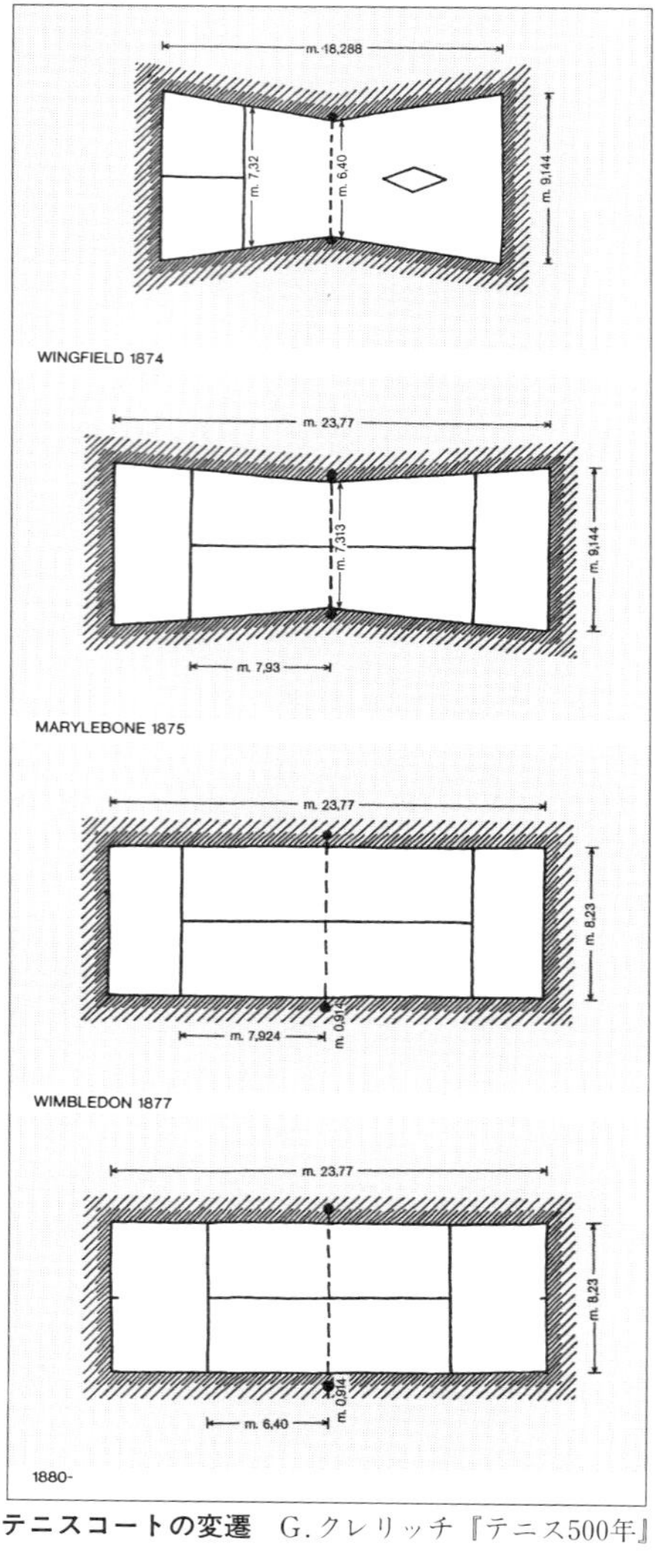

テニスコートの変遷　G.クレリッチ『テニス500年』

ネットの高さは、支柱のところで一五二センチと高く、センターで一二二センチと、ダラリとした張り方である。現在のように支柱でネットを強く引っ張れなかったのだ。

サーバー（ハンドイン）はベースラインから一フィート（約三〇センチ）下がって、対角線上のレシーバー（ハンドアウト）に向けておこなう。ダブルスの場合はペアが交互にサーブをする。サービスは一回だけで、ミスをしても失点にはならず、サービス権だけが相手に移る。レシーバーのパートナーは、指定されていないサービスコートに落ちたボールを打ってもよい。サービスはアンダーサーブが主で、サーバー側だけが得点でき、ポイントを失うとサービス権が相手に移る。ゲームは一五点を先にとった方が勝ちで、セットを取ったことになる。一四点の同点になると、デュースとなり、二点続けて取った方が勝ちとなる。数え方はワン・アンド・ツウとか七対〇はセブン・アンド・ラブと数えた。

中世から十八世紀にかけてのラケッツやコートテニスの時代のボールは、芯に布を巻いて糸でしばったもので、あまり弾まなかった。ローンテニスが普及したのは、ゴムでボールをつくる技術ができ、そのボールにフランネルを被せたものがつくられるようになったからである。それでも、芝生の上では弾みが悪く、初期のラケットの形は、ボールをすくい上げやすいように面を曲げたラケッツやコートテニスと同じものであった。

ラケットのグリップの端の形はいろいろ工夫され、ボール型、魚のシッポ型、扇型などがあった。ガットは羊の腸を細長く切って干したものを縒りあわせたシープでつくられ、現在でもトッププロに使われている。

こうしたテニスの道具は、船でイギリスから運ばれてきたが、日本人にとっては高価なもので、手に入らなかったことが、硬式テニスの普及を遅らせ、替わりに安く手軽にできる軟式テニスが考えだされた理由の一つなのである。

女性の両手打ちは美しくない?

一八七六年六月の『ジャパン・ウィクリー・メール』の「ローンテニス」という評論には、当時のテニスのやり方について、次のように詳細な解説がされている。

「また、適当なスピードのボールを放物線をもって相手のコートに打つことは簡単ではない。良いサービスをするためには、地面に鋭角になるようにボールを頭上約一フィート高く投げあげ、ボールの止まった瞬間に強く打てばよい。ネットより低いところでサーブをすれば、ボールは放物線を描くに違いないからである。この角度で入ったボールは同じ角度でバウンドするので、ボールにスピードがあると、これを打ちかえすのは難しい。

ローンテニスではネットを越えなければならないので、ラケッツ競技とちがって、ラケットを高く構えなければならない。この打ちかたは、美しくなければならないという、どんなゲームにも多少とも留意すべき洗練された動きに反する。なぜなら、ラケットを構えるのに腕を体から直角にするからで、前の腕だけでなく腕全体をそうすると、時として不格好でなくすることが難しいからである。しかし、そうならないように練習をつみ重ねると、欠陥はなくなり美しくなるであろう。

こうした構えをとる女性に敬意を表して小声でいうならば、反対しなければならない二つのやり方がある。一つはラケットを堅く握りしめ、腕だけを振りまわすやり方である。他の一つはまれにしかないが、だからといってよくないのだが、コートの左側にきた難しいボールを打つのに両手を使うことである。前の場合は二つの理由からよくない。第一は腕全体さらに肩まで振ることになり、プレーの美しさという点では全くぶち壊しである。

第二にはボールにスピードを加えようとしても、その力はほとんど無駄になるからである。もしラケットを手で振るならば、いくつかの点で投石器で石を投げると同じように、ボールに運動を与えることになる。反対に堅くラケットを握れば、投石器のもつ有利な点はなくなってしまう。両手を使うのは、ただ優美でないという理由から反対される。しかし、あまりにも優美さを欠くので、他の適当なものに替えられるべきものだ。

さて、ラケットをもっとも美しく振る方法は、右手を体の左側でリストを使って振ることである。右手と同じように左手を使える男性はそうしないことが多い。しかし、それは左手を使うのと同じくらいに効果があるし、優美でもある。男が左側のボールを打ちかえすときは、バックハンドで打つか左手で打っている。しかし、それはあまり品位のないやり方である。

女性はバックハンドで打つときには、筋力が不足しているので、時々両手を使っている。女性たちは左側のボールを打つのに、美しく効果的だと教えてきたラケップレーヤーを許すことであろう。しかし、両手打ちはまったく許し難い。一旦、他の打ちかたに変えたら、元には戻らないであろう。不格好な打ちかたを美しい打ちかたに変えたからといって、不愉快だといわれることもないであろう。

そうしたつまらないクロッケーと大いに違うのがローンテニスで、これはまさにゲームであり、しかも素晴らしいものだ。婦人をパートナーとしてゲームをするのと、おなじ服装の男性とゲームをするのと、どっちが楽しいかについては、礼儀正しさという専制的な命令によって、口を閉ざさるを得ない。しかし、真実を言えという専制的な命令に敬意を表するならば、疑いもなく男性の存在は四人一組の淑女のゲームにはない活力を与えているということができよう。

テニスはすべてのシステムが活気をもっており、フレッシュである。心臓は肺は激しく動き、良い酸素を供給された血液は退屈なクロッケーをあざけり、寒暖計が笑うくらいに血管を駆けめぐる。ゲームが進むと精神が高揚する。目は鋭くなり、手は確かなものになり、足は素早く、四肢はしなやかになる。心配事は消え去り、自然の残酷さは人を苦しめることを止める。二度と帰らない日は後悔を残さず、人生はなんの問題もないとささやく。そしてついに天国の花のベッドに身を休める日がきてたとしても、溜息をつくことはなくなる。」

チャールズ・ワーグマンのテニス漫画

『ジャパン・パンチ』という「ポンチ絵」で知られるチャールズ・ワーグマン（一八三二～九一）は、当時の横浜居留地社会の事件や政治を巧妙な風刺漫画で描いたことは良く知られている。かれはテニスを題材にした漫画を七回書いている。どれもテニスの試合風景にかこつけて、政治問題や仲間割れなどを描いている。

最初の漫画①は、テニスが山手公園ではじまった年の『ジャパン・パンチ』一八七六年六月号に載ったもので、同じ月の十七日号の『ジャパン・ウィクリー・メール』の気取った匿名の「ローンテニス」という評論に対抗して、ローンテニスを野次っている。

「　ローンテニス

この高尚にして崇高なネットを使用する球技は、ひょうきんなジャパン・ウィクリー・

Lawn Tennis

This sublime sublunar globular game with nets
deserves all the praise lavished on it by our
facetious brother of the "Mail" and if we were
allowed to take off our coat and remove our
cravat no one would enjoy it more monely.
But we are not. The Lawn Tennis form of
Government is an Absolute despotism tempered
by Ethereal Beauty and that Government has
decreed that the correct costume for males when
tennising is a tall white hat blue swallow tail
coat with brass buttons white waistcoat lavender
le pantalon gris tendre et uni, gants perle
and bottes vernies!!!!
We have been obliged to give up playing for
Economical reasons. It ruins so many cravats.
Each cravat costs one dollar. Each game ruins
the cravat. At the end of the year $250 would
be spent in cravats. This is too much. Fun is fun
but this is beyond a joke. We therefore
surge and demand that we may be allowed
play in serge blouse without a cravat –
suggest the underdone costume.

①

②

The Eastern Question

Adonis going to Lawn-tennis

③

Great Jumbo match at Tennis

⑥

Our new lady's man
All is not gold that glitters
it may be dross.

⑦

Bi-solution of Partnership
or theory and practice

⑤

A little lawn tennis.

④

メールの御同輩から惜しげもなく振りまかれる、すべての賛辞を受けるに価するものである。しかし、もし上着とネクタイを着けなくてもよいのであれば、どんなに良いことであろうか。だが、実際のところ我々はそれを許されていない。

ローンテニスの政府の形は、天使のように清らかな絶対専制君主である。この政府は何んと、テニスをする際の男子の正しい服装として、白い山高帽に真ちゅうのボタンがついたブルーの燕尾服、ラベルダー水をつけた白いベスト、無地の柔らかいグレイのズボンに真珠色の長手袋、エナメルの長靴をつけるように命じたのである！

そのため我々は経済上の理由からテニスを断念するの止むなきに至った。なぜならば、余りにも多くのネクタイがだめになってしまうからである。ネクタイは一本一ドルもするし、一ゲームに一本のネクタイがだめになるので、年末にはネクタイのために二五〇ドルも使ったことになる。これはひどすぎる。楽しみは楽しみだが、これは冗談どころではない。よって我々は抗議するとともに、ネクタイなしの地味なサージのシャツを着てプレーすることが許されるよう要求するものである。なんと高尚なことか！」

これは『ジャパン・ウィクリー・メール』の文章を受けて、かなり誇張されたものであろう。なおラケットを指に立てて高尚ぶっている人物は、ジャパン・ウィクリー・メール社の創始者ハウェルである。

②の一八七七年六月号に掲載された「東方問題」と題して描かれたこの漫画は、ロシアとトルコの戦争をめぐって、ロシアの南下を防ごうとするイギリスとの対立を、テニスの試合に見たてている。左が駐日英国公使パークスで、右が駐日ロシア公使オラロフスキーである。

③のテニスにでかけるアドニスという一八七八年二月号の人物は、ヒッシュマンという女たらしのドン・ファンを野次ったもので、アドニスとはギリシャ神話にでてくるしゃれ男の名前でもある。

④一八七九年七月号に載せられた「小さなローンテニス」は、左手前が貸馬業のA・ジャフリーで彼がJ・アングリンからなぐられた裁判で、裁判所が被告への戒告の判決を下したことを風刺したものである。こんな小さな争いが居留地ではたくさんあった。左手前のJ・ジャフリーが「出鼻を挫かれた」と叫び、右側の被告弁護士が「せっかく交渉にきたのに」といっいる。

⑤の一八八二年五月号の「共同経営の崩壊・理論と実際」は、居留地の有名な医者であるウィーラーと共同経営者だったバックルとの仲間割れを風刺している。右がウィーラーで、彼の家の庭にはテニスコートがあり、また奥さんは婦女弄鞠社の最初の会長である。

⑥の一八八三年十二月号は「特別に大きいテニスの試合」と題している。これは英国船ジャンボ号の積み荷の売買契約をめぐる日本商人と英国商人との大がかりな裁判を風刺したもので、

左側が原告側の弁護人リッチフィールド、右側が被告弁護人カークウッドで、寝そべって「ライン・ボール（きわどい事件だ）」といっているのは裁判官のウィッタルである。

⑦は一八八四年六月号で「ご婦人が大好きな新入りの男」と題している。文章には「光るものはすべてが金ではない、屑かもしれないよ。」人物についてはよくわからない。

これらのテニスを描いた『パンチ』の風刺漫画をみると、ネットは今日よりも高く、しかも途中に何本もの支柱が立っており、かなりの違いを見ることができる。また、女性のテニスの姿がないのは、女性を風刺画の対象とすることを遠慮したせいなのであろうか。実際プレーしていたのは、やはり男性の方が多かったのではないだろうか。

日本生まれの軟式テニス

明治十八年、わが国ではじめての欧米スポーツの解説書である『戸外遊戯法』が、リーランドの通訳をした坪井玄道と田中盛業編纂によって出版された。そのなかでローンテニスとベースボールを二十一種類のスポーツの一つとして紹介し、テニスについては「男女老幼巧拙ノ如何ヲ問ハズ之ヲ演習シ得ルの遊戯ナリ」と絵入りで解説している。

日本にテニスが上陸したのは一八七六年（明治九）だが、ローンテニス（硬式）は一般にはなかなか普及せず、明治時代は硬式テニスは在留外国人や洋行帰りの一部の日本人によるスポーツでしかなかった。コートが少ないことと、輸入した用具が高価だったこともある。

明治も半ばすぎになると、テニスは軟式テニスとして全国に急速に普及して、若者の心をとらえはじめた。その秘密はわが国独特の「軟式テニス」の発明にある。東京高等師範学校の前身の体操伝習所の教師や生徒たちは、用具が高価なばかりか手に入りにくく、コート整備も大変なローンテニスに替えて、玩具のゴムマリを使ったテニスを考えた。

明治二十三年、三田土ゴム会社が軟式のゴムボールを作り、安価なラケットで多少凸凹な校庭でもできる「軟式」テニスができた。それを全国の小中学校に赴任した高等師範学校卒業の教師たちが普及させたのである。

当時、英国製の硬式ボールが一個七〇銭もしたのに、明治二十三年に初めてつくられた国産の軟式用のゴムマリは一〇銭であった。ラケットは硬式用の十七円に対して軟式用は三円と安かった。軟式テニスを考えだし普及させたのは、近代化を急ぐ日本人の智恵でもあった。

横浜でのテニスの普及

山手公園や横浜公園でテニスをする外国人は、当時の横浜の市民の目にどのように写ったのであろうか。外国の女性が「芋あげざるをもって毬を打っている」とか、ボールを打つ恰好を「しゃもじ踊り」などと噂したものだ。

着物姿でテニスをする共立女学校の生徒たち　横浜共立学園蔵

しかし、テニスというスポーツは、いち早く横浜の女学校に取り入れられた。横浜は宣教師たちがつくったキリスト教系学校の発祥の地でもある。一八七〇年（明治三）にメアリ・E・キダーによって創設されたフェリス女学院は、早くから洋式の体操を授業にとりいれている。体操服を着てラケットをもった明治末頃の女子学生の写真がある。

また、一八七一年（明治四）にプライン、ピアソン、クロスビーの三人の女性宣教師によって開校した山手の共立女学校（現在の横浜共立学園）にも、明治後期のテニス風景の着色絵葉書が残っている。

一八七二年（明治五）にマティルドの来日によって発足したサン・モール会は、一八九九年（明治三十二）に山手八八番に日本人女子教育のために横浜紅蘭女学校（現在の横浜雙葉学園）をつくった。そこのテニスコートに着物姿の日本の女子生徒がラケットをもって集まってい

横浜商業高等学校のテニス大会　横浜山手・テニス発祥記念館蔵

る明治三十五年頃の写真がある。

一八八七年（明治二十）にミセス・ブラウンによってつくられた捜真女学校は、一九一〇年（明治四十三）に現在の神奈川区に新校舎を建てて移った。明治の末頃、その校庭で女子学生が着物にたすき掛けでテニスをしている写真がある。

文明開化の意気に燃え、横浜の国際商業人の育成を目指した横浜商業学校（Y校）は、他校に先がけて外来スポーツを取り入れた。野球部は明治二十九年につくられ、ボート部はその翌年に発足している。

Y校に庭球部ができたのは一八九九年（明治三十二）である。初代校長の美沢進が、昼休みをぼんやり過ごしている生徒に、なにか良い運動がないかと思案していたところ、「外国人が網をはってボールを打ちあっているあれはどうですか」と進言されたという。もちろん軟式テニスであったが、一九〇四年（明治三十七）には強力なチームになり、東京の各大学にも勝つようになった。その翌年、Y校テニス部は横浜の外国人クラブから挑戦を受けた。

当時の選手は「外人との試合が決まり、数カ月前から硬式を練習したが、その打ち方の違いに骨を折ったものだ。しかし、外人は荒っぽく、そう強いと思わなかった。夏休みには朝六時から一三時間もコートに立つなど、猛練習が続いた」と語っている。

試合は横浜公園でおこなわれ、ダブルスだけであったが、三セットマッチの芝生での本格的ローンテニスであった。結果はY校が四試合のうち三試合に勝った。慶応大や早稲田大がまだ軟式テニスの時代である。

Y校に続いて、一九〇二年（明治三十五）には神奈川一中と神奈川師範がテニスをはじめている。一九〇六年（明治三十九）には、神奈川交友クラブが横浜青木橋反町につくられ、テニス・クリケット・球突がおこなわれた。また、一九一〇年（明治四十三）には県立高等女学校（現在の平沼高校）で、第一回テニス大会が開かれており、この頃になると、ほとんどの旧制中学や高等女学校ではテニスをやっていたと思われる。

大正時代にはいると、テニスは学校の運動から一般の社会人や会社の運動部にも広まっていった。会社の運動場や遊園地に日本人用のテニスコートがつくられるようになった。なかでも、大正三年に鶴見につくられた「花月園」遊園地には、大正十四年頃に六面のコートがあり、数々の大会の会場となっている。

個人の家の庭にテニスコートを持つ人さえあらわれている。大正九年に本牧の小港に当時のオデヲン座の経営者の平尾栄太郎がいて、庭にコートがあった。また横浜松坂屋の前身である茂木商店の従業員のテニス部や、横浜市役所の建築課の職員の写真も残っている。

一九二一年（大正十）一月の「横浜貿易新報」の記事によると、テニスは軟式から硬式に移りはじめているとし、次のように報道している。

「横浜の庭球界はかなり古い歴史をもっており、神奈川の桐畑に旭倶楽部があったのは今から十数年以前であった。そのほか裁判所の連中による法曹倶楽部、西戸部には金星倶楽部があった。しかし、今日では各学校ばかりでなく、水道貯水池の裏に益友倶楽部ができテニスはますます盛んである。市内の会社・銀行・商店など、数は実に何十をもって算え得るに至った。」

横浜庭球協会ができたのは、一九二二年（大正十一）で初代会長は、戦後に横浜市長となった平沼亮三であった。

外国人専用のクラブとしては、山手公園のＬＬＴ＆ＣＣ、海岸通りのバンド・ホテルにあったバンド・クラブ、大正二年まで横浜公園にあったアマチュア・クラブ（後に矢口台に移ったＹＣ＆ＡＣ）の三つのクラブがあった。

テニスの全国への普及

外来のスポーツのなかで、明治三十年代にテニスと野球ほど山間地にいたるまで全国に普及したものは少ない。一八九三年（明治二十六）には、青森県、岩手県、山形県などの寒い東北地方にも、茨城県、徳島県、愛媛県などでもローンテニスとベースボールが師範学校付属小学校の遊戯にとりいれられている。

明治三十四年に発表された田山花袋の小説『田舎教師』には、群馬県境に近い三田ケ谷村の教師となった青年がテニスをやる情景が書かれているし、明治三十七年の島崎藤村の小説『破戒』では、長野県飯山町の小学校でのテニスの様子が感動的に書かれている。

テニスは女子学生に人気があり、ラケットをもって記念写真をとることが流行した。また、平塚らいてう、山川菊栄、市川房枝など女性解放の先駆者たちが、女学校の生徒のとき夢中でテニスをやったのも、明治三十年代のことであった。

年配者には記憶があるように、軟式テニスは同じゴムボールを素手でやる野球と一緒に全国にひろまった。ローンテニスを庭球、ベースボールを野球と訳したように、イギリスとアメリカから別々に入ってきたこの二つの外来スポーツは、わが国で兄弟みたいなものになった。旧制一高では一時庭球部と野球部が同一部で、一人の選手が両方の試合にでたり、「しゃもじ踊り」

の庭球と「すりこぎ踊り」の野球は仲が良かった。

明治十八年に開校した旧制富山中学では、明治三十五年にテニス道具一式を購入し、翌年から「文武会・野球庭球部」をつくり、野球練習場のとなりにテニスコートをつくっている。

学校だけでなく、一般家庭にも普及していった。体操伝習所の卒業生の高橋清一は明治三十三年に『実験ローンテニス術』という本を書いているが、そのなかで「朝から晩まで閻魔様の如き顔をしてにらみつけるのが、父の子に対する義務と誤解されたるは十九世紀の記念物なり。子供を相手に遊戯することは決して父の権威を損するものにあらず。将来においてローンテニスは、家庭を楽しく得べき一つの有力な器関たるべし」と述べて、家庭への普及も図っている。

硬式テニスは明治時代では、横浜の外国人クラブ、東京ローンテニス・クラブ、軽井沢クラブなどでおこなわれる一部上流社会の人士のスポーツであった。しかし、軟式テニスのほうが大正初期までは硬式テニスに替わって全盛で、「軟式テニス世界統一論」が新聞で論じられたり、硬式テニスは外国に尻尾を振るものだと非難されたりしたものであった。

こうして「軟式テニス」は地元の小中学校からはじまり、庶民のスポーツとして地域社会のなかにしっかり根づいていった。野球クラブや硬式・軟式テニスのクラブが今日でも地域で無数に活動している理由である。

物語その4

ヒマラヤスギのきた道

YITCとヒマラヤスギ

山手独特の景観をつくる

ヒマラヤスギは山手丘陵一帯に独特の景観をつくってきた。

山手本通りから、山手公園に入ると、まず、迎えてくれるのはうっそうとしたヒマラヤスギの大木群である。

明治初期、横浜開港以後さまざまな欧米文物がはいってきたなかの一つに、外来樹の「ヒマラヤスギ属（Cedrus）」がある。山手居留地一帯に植えられ、苗木は横浜植木会社で育てられ全国に広まった。外来の珍樹として皇居に献上され、新宿御苑も買い上げている。わが国の近代化の歴史と横浜のまちづくりを見てきたランドマーク・ツリーともいえる樹木である。

横浜市は一九九六年（平成八）一月に、山手公園内のヒマラヤスギ群を「名木古木」に指定した。「群」というのは一本ではなく群生している樹木全体のことで、山手公園には百年以上たっていると思われる目通り三〇〇センチクラスのヒマラヤスギが九本、それより小さいのが三本ある。遠くからみて、その垂れ下がった梢、斜下に張り出した枝の様子から、すぐそれと分かる。

それらのなかでも公園内の横浜インターナショナル・テニス・コミュニティ（YITC）の敷地のなかにある一本は、わが国でもっとも大きなものの一つで、目通り三九〇センチ、樹高三〇メートルに達する。

ヒマラヤスギは居留地在住のイギリス人ジョン・ヘンリー・ブルックによって、一八七九年にインドのカルカッタから種子が持ち込まれ、居留地の山手地区一帯と本牧・根岸を回る外国人遊歩道に植樹されたとされている。だが、現在は関東大震災と戦災の被害を受け、さらに戦後の宅地開発で伐採されたり、また台風で倒れたりして少なくなってしまって、当初の様子を確めることはできない。

しかし、一八九〇年代に日下部金兵衛によって撮影された山手公園の写真のなかに、育苗されて十年程度で、まだ樹高二メートルに満たない幼いヒマラヤスギ数本を確認することができる。

山手公園は当時の居留外国人の唯一の戸外レクレーションの場であり、ローンテニスやフラワーショーや音楽会が開かれたりする居留民の遊園の場であった。当時の横浜の住民は、山手公園のことを「花屋敷」と呼んでいたように、山手公園では花や西洋野菜の栽培もおこなわれていた。横浜居留地にイギリス本国の庭園の雰囲気を再現しようとして、ヒマラヤスギの種子を輸入して播種したであろうことは、後述のように推測にかたくない。

公園には一八七八年に設立されたわが国最初のテニス・クラブがあり、そこの庭師として創設時に働いていた石田亀吉の思い出によると「勤めはじめた頃、ヒマラヤスギはまだ小さく、竹の支柱が添えてあった。人びとはブルーク・パインと呼び、自分もその名前を覚えてブルーク松と呼んだ。そして当時は山手公園に約四〇本のブルーク松があった。人びとは馬車に乗ってきて、緑に塗った大門を入ったさきに広い馬車回しがあって、ヒマラヤスギはこの広場の両脇に植えてあった」と語っている。

一九一二年（明治四十五）の『横浜貿易新報』は写真入りで、ヒマラヤスギを次のように紹介している。

「山手公園のヒマラヤ杉——横浜の名木と珍樹

山手公園表門の正面なるヒマラヤ杉は周囲目通六尺二寸高さ十二間以上に達し中央芝生の西隅にあるものは最大にして周囲目通約七尺に及び高さ亦十二間以上を越えたり。風姿優雅にして洋式の庭園に適せり。元と海外より移植せるものにて本邦には維新後に渡来せしものの如く随って樹齢四十年前後ならん。尚この樹は一名デオドラ杉とも称し山手公園の外横浜公園と神奈川県庁及びその向いなる英国領事館構内にも数株を存せり。その他東京に於いては日々谷公園及び小石川植物園等にも栽植せらるるものありと雖ども皆之に及ばず」

目通り六尺二寸とは目の高さの幹周が約一八五センチであり、樹高十二間というと二〇メートルであり、記事が多少大げさだとしてもかなりの大樹である。

ただ古い山手の住民がいうように、関東大震災以前には明治初期と思われる大きなヒマラヤ

横濱の名木と珍樹

山手公園のヒマラヤ杉

山手公園表門の正面なるヒマラヤ杉は周圍目通六尺二寸高さ十二間以上に達し中央芝生の西隅にあるものは最大にして周圍目通約七尺に及び高さ亦十二間以上を超えたり風姿優雅にして西式の庭園に適せり元と海外より移植せるものにて本邦には維新後に渡來せるものの如く因つて樹齢も四十年前後ならん此樹は一名デオドラ杉とも稱し山手公園の外横濱公園神奈川縣廳及び其向ひなる英總領事館構内にも數株存せり其他東京に於ては日々谷公園及び小石川植物園等にも栽植せらるゝものありと雖ども皆之れに及ばず

「山手公園のヒマラヤ杉」　横浜貿易新報・明治45年5月7日付

スギが、山手の住宅に植えているのがよく見られたというから、その推定はまちがっていないであろう。

一九二五年（大正十四）になって、外国人用テニスコートを除いた公園の約半分にあたる西の崖側が横浜市に移管された。そこを横浜市が三段の広場に整備した時の事業記録のなかに在来樹木のリストがある。それには「ヒマラヤシーダー（樹高八〜一〇間）、五〜六尺（目通高幹周り）、数量九本」と記録されている。

樹高八〜一〇間というと一五メートルから一八メートルであり、五〜六尺の目通高幹周りというと一六〇センチから二〇〇センチであるから、この当時で相当な大木であった。この九本のヒマラヤスギは当初から植えられていた古い樹木で、その他は関東大震災で倒れてしまったのであろう。この他、関東大震災以後の公園整備のときに植えられたと思われる中程度の木が三本残っている。

太平洋戦争終末期に、山手一帯のヒマラヤスギの相当多くが、木炭を燃料とした横浜市営バスを走らせるために切り倒され、炭焼き釜がつくられていたという。しかし、この九本の大木には手をつけずに残したものと思われる。

この他、山手公園と同じ時期に植えられたと思われる大樹は、元街小学校の校庭に一本と、ワシン坂から小港町にでる道の海側の住宅地に数本残っているだけである。ヒマラヤスギは本来の姿はきれいな円錐形なのだが、斜下に広がる枝は狭い住宅の敷地に邪魔だとか、虫がつくとかということで、上部の枝だけが残されて、太い電信柱が帽子をかぶったようになっているのが多い。下枝を思いっきり伸ばして円錐形になった大木は、広い敷地の新宿御苑でならみることができる。

一八七九年にヘンリー・ブルックが種子を

ヒマラヤスギという樹木についての解説と、日本への渡来の経緯について、故東京農大名誉教授上原敬二が『樹木大図説』の第一巻のなかで、次のように記述しているのが、わが国でもっとも詳細でかつ信頼できるものとされている。

「日本に入ったのは明治十二年頃といわれる。横浜在住の英人ブルーク氏（一説にブルームという）が印度カルカッタより種子を取り寄せ播種し、その実生苗三〇本を宮内庁に献じ、一〇〇を新宿御苑で買い上げて植えたという。

また明治十二年アメリカからグラント大統領が来朝したときに芝増上寺の門前に植えたのが第一号ともいう。新宿御苑には現在でも大木があるが、明治二十七年実生をおこなった。明治三十六年には一〇〇〇本の挿し木をおこない、内二七〇本が活着したという記録がある。（中略）横浜植木会社は明治二十七年に苗木一五〇本を初めて売り出した。」

確かに現在、皇居内にも、新宿御苑内にも大木として育っているのをみることができる。

ここで上原教授はヒマラヤスギのわが国への渡来について、明治十二年頃にブルックが横浜に播種したことと、同じ年に前アメリカ大統領グラント将軍が来日した時に、東京芝の増上寺に植樹したと書いているが、両方ともその根拠となる文献が示されていない。

ヒマラヤスギのわが国への渡来について記録している一番古い文献は、私が調べた範囲では、明治三十年発行の田中芳男著『近年移植の草木』ではないかと思う。

その「緒言」のなかで「安政年間に至り海外各国と条約を結び開港せしより交通も次第に増し従って我邦へ伝ふる草木も漸次に多きを加へたれども、維新以後に至り益々増加し近年に及びては枚挙すると能はざるの多数とはなれり」と述べて、明治十二年に入ってきたもののなかにグラント扁柏《ひのき》とグラント玉蘭、明治八年にアカシヤ樹をあげている。

ついで「印度杉　明治十二〜十三年頃横浜居留地の英国人ブルーク氏横浜に播種なし且苗木を移植す」と記しているが、その出典は示されていない。上原教授の『大図説』はこれを引用したのではないかと思うが明らかではない。「印度杉」とはヒマラヤスギのことである。

ついで大正四年に出版された白井光太郎著『明治年間舶来の植物』も、田中の記述をそのまま紹介している。

次に白沢保美は昭和六年に書いた『明治年間本邦への渡来の外国樹木』で次のように述べている。

「明治十二年頃、横浜在住英人ブルーク氏が始めて種子を印度より輸入して、その苗木を各所へ配付したもので、横浜には此の初代の大木を存したるも、大正十二年の火災に当たり焼失した。東京芝公園、新宿御苑には、その当時のものが、尚ほ生存して居る。その後明治二十年代に輸入したものは、我林業試験場その他にあり、爾来庭木として一般に称賛され、近年大いに流行して居る。」

さらに『林業技術史』第三巻には、次のような記述がある。「第二節　勧農寮の外国種の育苗、明治五年勧農寮新宿農学所が北米から落羽松の種子を輸入したのを始めとし、アカシア、ポプラ、月桂樹、タイサンボク、チューリップツリー（中略）、ヒマラヤシーダーが輸入されている」と記しているが、ヒマラヤスギの輸入時期とその経緯は明らかにされていない。

芝増上寺の「グラント松」について

上原教授は『大図説』で「また明治十二年アメリカからグラント大統領が来朝したときに芝増上寺の門前に植えたのが第一号ともいう」と書いている。

芝増上寺正面の前門を入ってすぐ右側にヒマラヤスギがあり、その紹介の立て札に次のように記載されている。

「グラント松　米国第十八代大統領グラント将軍は明治十二年十二月国賓として日本を訪れ増上寺に参詣し記念としてこの樹を植えました。」

グラント将軍は世界周遊の途上、一八七九年（明治十二）六月に長崎に上陸し、七月三日東京に入り、九月三日に横浜港を経て帰国している。宿舎は品川区芝の浜御殿であった。将軍は日本側の大歓迎を受け、八月二十五日に上野公園で記念植樹を行っている。

植樹したのは「ローソン扁柏《ひのき》」と「泰山木」で、両樹とも現在大木となっており、上野公園で記念碑とともに見ることができる。苗木は農学者津田仙が育成したもので日本側が用意した。将軍は東京に入る前に長崎でも記念植樹をしており、そのときは榕樹《ようじゅ》（ガジュマル・熱帯樹）と樟《くすのき》を植えているが、どちらの国が苗木を用意したものかは不明である。

将軍が増上寺を見学しヒマラヤスギを植樹したということは、かなり詳細に滞在中の行動を記した『日本訪問記』には全くでてこない。増上寺文化財担当者に調査を依頼したが、「立て札」の記述についての記録を探しても、寺の「日乗」は明治十二年についての前半分にはグラント将軍来訪の記録はない。また残りの後半分は宗務の記録だけで、グラント将軍の記念植樹の件は以前から寺にそう伝わってきただけで証明するものはないとのことであった。

グラント将軍は増上寺の近くの浜御殿に宿泊していたので、増上寺を見学に行ったであろうことは推測できる。植樹したとされるヒマラヤスギの苗木は将軍側が用意したものか、日本側がしたものかも不明である。グラント将軍一行は日本に来る前にインドに寄港しているので、そこで入手したものかも知れない。前述の明治・大正期の外来種を紹介した日本の文献にでていないことからも、日本側が用意したとは考えにくい。

いずれにしても記録がなく、あるのは増上寺の立て札の説明だけだが、何らかの背景をもっているのであろう。ただ、もし明治十二年植樹だとするなら、現在の樹形が目通し二〇〇センチ、樹高一五メートル前後で、百二十年以上たっているにしては小さすぎる。ただし、関東大震災で焼けたあとに、再び芽をだしたのかもしれない可能性はある。

ちなみに、グラント将軍は七月九日に横浜に来ており、町会所で歓迎晩餐会が開かれている。さらに、八月一日に横浜在住の米国人がグラント将軍夫妻歓迎の会を山手公園で開催している。ブルックがヒマラヤスギの種子を横浜に持ってきたといわれる同じ明治十二年に、グラント将

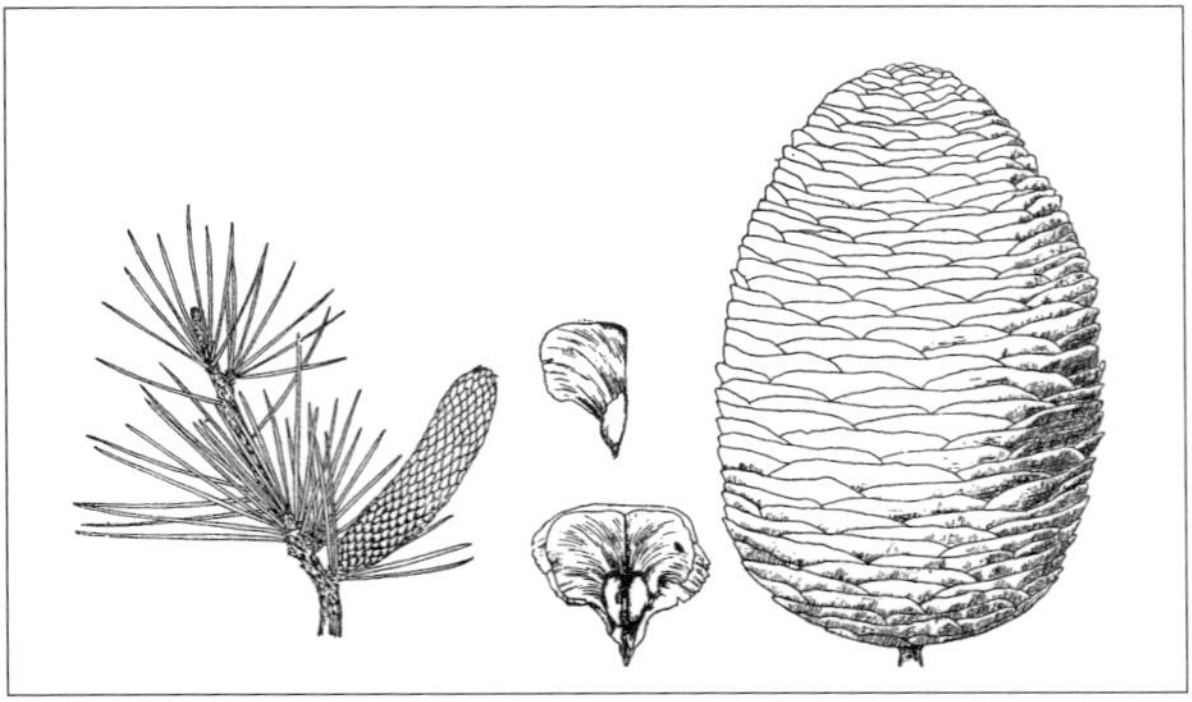

ヒマラヤスギ　左は雄花、右は毬果、中は果鱗（上原敬二著『樹木大図説』1961年刊）

軍が横浜市中区の山手公園を訪れていることになる。

ヒマラヤスギとはどんな樹木か

ヒマラヤスギ属とは一体どんな樹木なのであろうか。以下、上原敬二『樹木大図説』第一巻のなかから要約して紹介したい。

ヒマラヤスギはスギではなくマツ科（Pinaceae）の樹木で、和名をヒマラヤスギ属（Cedrus）という。形態は「常緑喬木、雌雄同株で稀に異種。樹冠は広円錐形、枝張大、樹皮は暗灰色、幼時は平滑、老樹は燐片に剝離す。長枝と短枝の区別あり、長枝は細く長く、枝端は下垂す。葉は短枝上に束生、針状三稜。雄花は円錐状、直立、長三〜五センチ、雌花は卵形、帯紫色、径一・三センチ、共に短枝に単一頂生、毬果は大形、直立、卵形、卵状長楕円形、長八〜一〇センチ、二〜三年目に成熟す。鱗片はラセン状につき種子成熟時に軸を残して脱落す。種子大形、翅は幅ひろく膜質である。」

ヒマラヤスギ属（*Cedrus*）には次の三種がある。

ヒマラヤスギ（*Cedrus Deodara Loud*）

レバノンスギ（*Cedrus Libani Loud*）

アトラススギ（*Cedrus Atlantica Momett*）

シーダー（Cedrus）の語源はアラビア語でkedre.kedron（力）の意味があるとされ、また古代ギリシャ語でkedros（香料）からという説もある。Cedrus（セドラス）はエジプトやインドでは「死より生」を意味する聖なる樹とされ、ソロモンの宮殿の建造やミイラの油やお棺の材料とされてきた。エジプト第三王朝のスネフル（紀元前二九〇〇年）はレバノンに四〇隻の船隊を送りシーダー材を求めたという記録がある。

ユダヤ人では男子が生まれると家の前にシーダーを一株、女子が生まれるとモミを一株植える習慣があり、二種とも神聖な樹とされ、子供が成長して家具材として必要になるまで切らなかったといわれる。

また『エンサイクロペディア・ブリタニカ』第九版によると、Cedrusの名はイスラエルのBrook Cedronからではないかという。Cedronは昔そこに小川があった中部エレサレムの東の谷のことである。

シーダーの名は現在ヒノキ、イトスギ、ネズコ、ビャクシン等の諸属の通名となっている。アメリカでは日本のスギもシーダーと呼んでいる。中国では不老松、雪松、日本では香柏とも呼ばれている。

わが国で一般的にヒマラヤスギをマツではなくスギと呼んだのは、シーダーのなかにマツもスギも含めて呼んでいた慣習によるものかも知れないが、横浜の戦前の住民は、ヒマラヤスギを最初に植樹したヘンリー・ブルックであることから「ブルック松」と呼んでいた。それが戦後ヒマラヤスギとなってしまったことについて、遠山富太郎は『杉のきた道』のなかで「マツ科のCedrus属（シーダーの類）のものにヒマラヤスギの和名が戦後用いられて、混乱を招いている。和名設定に慎重さがいると思う」と述べている。

ヒマラヤスギ属の三種は、樹形はほぼ同じで普通は見分けが難しい。

①ヒマラヤスギ（*Cedrus Deodara Loud*）は、梢が少し下垂しており、枝も長く下がり、葉は長く、ネパール西部、ガルワール・ヒマラヤ、カシミール地帯、カラコルム山脈、ヒンドゥー・クシュ山脈一五〇〇〜三〇〇〇メートルを原産地にしている。日本では庭園樹としてもっとも一般的にみられるものである。

学名の*Deodara*はインドヒンズー語で神の樹という意味で梵語でデワルダからきているという。デワは神（ディラー）をグラは森を意味する。

別名・印度杉、デオダラシーダー、デワダラモミ、ネズモミ、カラマツモミ、ブルックマツ、不老松、雪松、香柏

②レバノンスギ（*Cedrus libani Loud*）は、梢が少し上また下に垂れており、枝は水平または少し下向きである。かつて小アジアのタウルス山、レバノン山、キプルス島などに自生しておりレバノン国旗に取り入れられている。しかし、乱伐により現在ほとんど見ることが出来ない。ソロモン王が宮殿を造るとき、七万人の伐採者が三六〇〇人の監督のもとに伐採したという。

聖書には「レバノンの香柏」として、たとえば旧訳聖書に「神の御声レバノンの香柏の下に息づく」とイザヤ書にでてくる。日本ではヒマラヤスギが主流でレバノンスギは少数である。

③アトラススギ（*Cedrus atlantica Manett*）は、梢が直立し、枝は少し上向きで葉は短い。地中海一帯を原産地として、北アフリカのアルジェリア、モロッコにまたがるアトラス山脈に主として自生しており、他二種より耐寒性がある。ヨーロッパに多く見られ、日本では新宿御苑、神宮外苑などに少しある。

ヒマラヤスギには抗菌効果がある

一九七九年に神奈川県衛生研究所が、樹木の抗菌作用を研究するために、神奈川県内に自生

する三四樹木種を一四箇所から採取して調査し、次のような実験結果を公表した。
検定菌として使われたのはジフテリア、インフルエンザ、結核菌、コレラ菌、百日咳菌、腸チフス菌である。ヒマラヤスギは横浜市中区の山下公園のものが採取された。
そのなかで抗菌力を示したのは一二種であり、そのなかで特に強いのがヒマラヤスギ、クヌギ、イチョウであり、ついでスダジイ、タブ、サカキ、コナラなどであった。
抗菌力極めて大（ヒマラヤスギ、イチョウ、クヌギ）
抗菌力大（スダジイ、タブノキ、アラカシ、マテバシイ、イロハモミジ、コナラ、サカキ、サンゴジュ、ヤブツバキ）
抗菌作用が強いということは、いわゆる森林浴が健康に良いといわれる樹木のもつフィトンチッド効果のことである。そして落葉樹よりも常緑樹のほうが抗菌性がつよく、なかでも外来種がとくに強いことが分かっている。
『世界有用植物事典』によれば、「ヒマラヤスギ属　この属の樹木は古来神聖な木とされており、エジプトでは油や木材がミイラの保存に用いられたし、ヒマラヤでは寺院などに植えられている。シーダーの仲間は香りがよく、防腐、防虫効果があるというので、大プリニウスの『博物誌』には、シーダーから得られる樹液を塗れば死体を保存でき、また逆に生きた人間の体を腐らせるとある。また、一般に保護者を示す隠喩として用いられ、キリストやマリアの慈悲の象徴ともなっている。古代アッシリアでは、揺すれば揺するほど大地にしっかり根を張るので力の象徴とされた。ヒマラヤスギの花言葉は『力』、レバノンシーダーは『不滅』である」とされている。

したがって、聖書にしばしばヒマラヤスギ属のレバノンシーダー（香柏）が登場し、そのなかの旧約聖書のエゼキエル書第三十一章の記述は、旧約聖書の時代から香柏が特に抗菌作用が強いということを、当時の人々は経験的に知っていたことを示していよう。

ジョン・ヘンリー・ブルックという人

ここで一八七九年か八〇年頃に、インドのカルカッタからヒマラヤスギの種子を取り寄せ、横浜に播種した創始とされるジョン・H・ブルックとはどんな人物なのかを記録しておきたい。そのブルックの墓は横浜山手の外国人墓地にある。墓碑銘には次のように刻まれている。

「Died, Yokohama, January 8th, 1902

ジョン・ヘンリー・ブルック氏の懐かしい記念として

英国リコルンシャー　ボストン市に一八二六年生まる。一八六〇年にはオーストラリア・ビクトリア州の総督であり、行政会議の議員であった。また、その後の三〇年間は横浜においてジャパンヘラルド社の編集に従事す。

日本横浜において一九〇二年（明治三五年）一二月八日客死す。」

昭和十年の横浜資料調査委員会の「ヒマラヤスギ最初の輸入者ブルーク氏墓碑調査報告書」には、次のよう書かかれている。

「尚ブルーク氏が、ヒマラヤ杉を輸入したのは今から約五〇年の前の事で、三五〇本であると聞いた。故に同氏の名をとって世人がブロック松と称した。其の当時のものが山手公園等に相当大木となって居る。山手外人墓地同氏の墓の前にも其記念をとどめている。」

墓の正面左側には明治二十八年に六十五歳で横浜で亡くなったハリエット夫人の墓誌が書かれており、墓の前に大きなヒマラヤスギが植えられている。

J.H.ブルックの墓
横浜外国人墓地

ブルックは一八二六年英国イングランドのリコルンシャー・ボストンで生まれた。父親はジャーナリストで、彼もその道を歩むこととなった。一八五二年二十六歳のとき、彼はオーストラリア植民地に移住し、『メルボルン・ビクトリア植民地に移住し、『メルボルン・モーニング・ヘラルド』の記者となった。その後政界に入り、一八六〇年には三十六歳でビクトリア州総督立法委員となり、「土地大臣」に任命されている。しかし、一八六三年の政争のなかで地位を失い、オーストラリア植民地にたいする期待も薄れて去る決心をする。

一八六七二月、家族とともにセイロン行きボンベイ号に乗船し、セイロンに居住した。そのほぼ二年の間にインド国内各地を旅行している。そして一八六九年四月二十一日に横浜港に娘ガティをともなって上陸した。この日本に来る途中旅行したインドの各地でヒマラヤスギに関する見聞を得たものと考えられるが、インド旅行での詳しい行動については不明である。

彼は横浜に上陸して日本最古の外字新聞『ジャパン・デイリー・ヘラルド』の記者となった。そして一八七一年から一九〇二年の死ぬまでの間、社主ハンサードの跡をついで『ヘラルド』の主筆兼社主となり、『ジャパン・ガゼット』『ジャパン・メール』と並んで横浜三大英字新聞を形成した。主張は保守的な方で、たとえば条約改正による治外法権撤廃については反対論を展開していた。

一九〇二年に出された『ジャパン・ガゼット横浜五〇年史』にJ・H・バラ牧師はブルックを回顧して次のように書いて、彼がヒマラヤスギを横浜に最初に植えたことを讃えている。

「『ヘラルド』のブルック氏は、現在の『メール』の編集長とともに、横浜で最も長続きした報道人である。ヒマラヤスギが横浜やその外の町の多くの公共の場に美観を添えているが、これこそ彼が第二の故郷にしたこの国とこの市にもたらした、最も長続きし最も貴重な貢献をしたものとして述べてよい。」

そして文中のヒマラヤスギは、「*Diodera* trees－the gift of gods－or the Himalayan cedars」と書かれており、ヒマラヤスギについてかなり正確な知識をもっていたことを伺わせる。

また、同じ『五〇年史』で、ジェームス・P・モリソンは「最初のころの横浜の社交界」という文中で「懐かしく思い出したのだが、横浜に最初にみえた若いレディーは、ガティ・ブルック嬢といった。彼女は『ジャパン・ヘラルド』の故社主兼編集長だった人のお嬢さんだった。一八六九年前後にオーストラリアから家族とともに来日した。彼女が、素晴らしい豪州産のメス馬を恐れもせず上手に乗り回し、若者たちの称賛の的になったことや、彼女が出席した最初の舞踏会ではみんなの注目を一身に集めたことを思い出す」と回想している。

モリソンもバラ牧師も、ブルックが横浜にヒマラヤスギをもたらした功績を讃えている。しかし、彼が何時どこから、どのようにして持ってきたかについては書いていない。

『五〇年史』のなかの追憶記事では、前述の明治十二年頃ブルックが横浜に持ち込んだという明治期の田中芳男説も、そして戦後の上原説も、ブルックがインドのカルカッタから種子を取り寄せたという説が何に由来するのか不明である。当時の税関記録にも横浜植木会社の記録にも見当たらない。

横浜植木会社とヒマラヤスギ

上原敬二教授の『樹木大図説』によると、「横浜植木会社は明治二七年に苗木一五〇本を初めて売り出した」とあるが、その出所の文献は示されていない。

横浜植木会社は一八九〇年（明治二十三）に、植物の輸出入が外国人貿易商に独占されていた状況を打開しようとして、横浜と東京の業者が中心となって山手公園の近くの横浜市中区唐沢に設立された。開港期から明治初期の横浜の植木業界の様子を、『横浜植木株式会社百年史』のなかの「横浜に於ける花卉の生産並びに販売状況」（横浜市勧業課）は、次のように記している。

「明治初年に於ける横浜は、内外人の移住するもの年に増加しつつあった際とて、大小邸宅が日々に築造される有り様で、従って植木屋の仕事も繁忙を極め、為に漸次同業者の増加をみたのであるが、一方、之等邸宅の庭に洋風の花壇を造ることが行われるようになり、当然、草花類の需要が喚起されるに至った。然して之れ等草花類は直接造園の衝に当たる植木屋が供給方配慮せなければならなかった為に、自然、花卉栽培は之等植木屋の手によって開始されるに至ったのである。之れ実に明治六、七年頃よりのことである。」

横浜植木会社がこうした花卉、樹木など輸出入を扱う当時の日本の代表的な会社であったことから、さまざまな日本の花卉が同社を通じて海外に輸出され、また外国種が日本に輸入された。したがってヒマラヤスギもそのなかの一つであった。しかし、横浜植木会社が具体的にどのように係わったのかは明らかにされていない。

しかし、『最新園芸大辞典』第三巻、（誠文堂、一九八二年）によると、「横浜在住の英国人ブルックがインドのヒマラヤ近郊から種子を求めて播いたが発芽せず、その苗を求めてまた種子を球果にあるままのものを求めて播き、好結果をえたのが、この樹を移植した創始とする。更にブルックは種苗を原産地から輸入し、宮内省そのほかに献納した」と記述されている。

横浜植木会社が明治二十七年に苗木一五〇本を初めて売り出したという記録は、横浜植木会社の『百年史』にその記載がないばかりか、当時の売り出しカタログも見つかっていない。ただ唯一、当時の多くのカタログのなかで、一九〇八年（明治四十一）の売り出しのなかに、次のように記載されているのが見つかった。

「洋種庭園樹

セドラス、デオドラ（ヒマラヤ松）Cedrus Deodara

二年生一円

三年生一円五〇銭

庭園用として風彩を為す此種の右にでるものなし成長速にして強健」

さらに同社『百年史』の明治四十年代の記録には、次のように書かれている。

「当社が園芸品ほとんどともいえるほど輸入を広範囲に広げるようになったのは、国内市場が育ってきたからであったが、当社の先駆的な試みも大いに国内市場の形成に寄与した。成功も多かったが、早過ぎたがゆえの失敗もまた少なくなかったことが、結果としてそれを証明している。その失敗の最たるものが、ヒマラヤシーダーの輸入であった。いまでこそ植木としてなじみがあるが、当時は植木屋も知る者が少なく、見向きもされなかった。それでやむなく学校へ配ったというようなこともあったのである。ヒマラヤシーダーが売れるようになったのは、さらに関東大震災以降のことである」

以上のことから横浜植木会社がヒマラヤスギの実生になんらかの形で関与していたであろうとは推測できるが、文献としては確認できない。

また、ヒマラヤスギが明治中期までほとんど普及しておらず、明治末になって急速に官公庁の建物や学校に植樹されるようになり全国に普及した理由は、横浜植木会社が「やむなく学校へ配った」ことによるのかも知れない。そして現在、全国の古い学校の校庭にあるヒマラヤスギは当時のものであろう。

横浜市内のヒマラヤスギの今昔

◆元街小学校

横浜の明治初期開校の古い小学校の一つに、山手の元街小学校がある。山手公園とフェリス女学院に隣接している。一八七三（明治六）に明衛学舎として開校され、明治三十九年に現在横浜山手女子学園のある山手二七番に移り、さらに昭和四年に現在の四一番に移転した。

校庭に目通り三〇〇センチ、樹高二〇メートルの一本のヒマラヤスギの巨木が残されている。恐らく明治初期の山手公園と同じ時期のものであろう。そのほか関東大震災後のものと思われるものが、正門から下段の校庭にかけて一〇本程あったが、伐採されて現在は四本しか残っていない。

◆フェリス女学院・横浜山手女子学園・横浜雙葉学園

横浜山手にあるフェリス女学院は一八七〇年（明治三）にメアリ・E・キダーによって設立され、一八七五年に山手公園の近くに校舎が建設された。現在、中高校舎の前に目通り二五〇センチ、樹高一八メートルのヒマラヤスギが一本ある。玄関隅にそれよりやや小さいのがもう二本あり、その一本に昭和三年の御大典記念植樹の碑があった。しかし、このうち二本は二〇〇〇年夏、校舎改築のために伐採されてしまった。

これらのヒマラヤスギは、昭和三年当時の写真にはなく、四年の校舎完成時の写真に高さ約五メートルのヒマラヤスギが写っている。御大典記念に三本のヒマラヤスギが植樹されたと記録されている。明治三十九年から昭和十一年まで教員であった植物好きで学園の緑化に熱心であった寺田醇造が関係しているものと思われる。

山手公園側の大学校庭内には二一本が植えられている。大きなものでは目通り二五〇~二七〇センチ、樹高二〇メートル以上のものがある。関東大震災以前の明治末期のものと思われるが資料がない。

1970年代のヒマラヤスギの分布　横浜山手・テニス発祥記念館

山手本通りからカトリック山手教会の横を右に入ると山手公園がある。その道は居留地時代に山手公園に入って行く道であり、その道沿いの左側にフェリス女学院大学の校庭にヒマラヤスギがあり、またその右側にも数本あり、恐らく山手公園への誘導路を意識して植えられたものであろう。ただ、右側は一九九二年まで国の植物検疫職員宿舎であったが、民間に売却された後、三本のヒマラヤスギは伐採され、往年の景観は失われてしまった。

フェリス女学院と並んで横浜山手女子学園がある。横浜植木会社と関係の深い学校である。校舎の山手本通りに沿って二本が植えられているが戦後のものと思われる。しかし、校庭裏の石川町寄りの崖地に目通り二〇〇センチクラスのものが二本あり、明治末頃のものと思われるが記録はない。

山手にある古いいくつかの学校と同様、横浜雙葉学園にも正門口付近にやはり目通り一〇〇～一二〇センチ程度の樹が四本植えられている。

◆元町公園と外国人墓地

山手本通りに面した外国人墓地横の北西斜面の丘陵に囲まれた谷あいに元町公園があり、下りきると元町商店街にでる。古くは池の谷戸と呼んでいた。昔から良質の湧き水が豊富で、昔の入り口付近の元町一丁目には湧水がでて近隣の人に利用されている。

この湧き水に目をつけたのがジェラール瓦で知られるフランス人アルフレッド・ジェラールで、一八七〇年代この場所で船舶への給水商売をおこない、水屋敷と呼ばれたものであった。

また、大正十二年までは「大正活映」という映画撮影所があり、谷崎潤一郎が勤めていたことがあった場所でもある。

この土地が横浜市の所有になったのは関東大震災の後であり、横浜市青年連合会が昭和三年の御大典記念事業に「元町プール」をつくり、昭和五年に完成した。続いて弓道場や遊園地もつくられた。

この公園の入り口は元町一丁目にあり、当時そこに左右に四本ずつのヒマラヤスギが植えられた。地下水が豊富なために成長が早く、それぞれ目通り二〇〇センチ、樹高一五メートル近くにもなっていた。しかし、一九九〇年頃の強風のためにほとんどが倒れてしまった。その内の一本の切り株が記念に残されていた。だが、二〇〇〇年五月に一帯が再整備され、切り株も撤去されてしまった。ただ、上部にあるエリスマン邸付近に、一本だけ同程度のヒマラヤスギが残されている。

外国人墓地のブルックの墓碑脇にあるヒマラヤスギの他、墓地の港側の道に沿って元町に下りていく途中の空き地に、目通り一〇〇センチに満たない中程度のヒマラヤスギが一本ある。この樹は周囲が空き地の故もあってか、樹の幹の半分側だけの下枝が切られずにいて、地面に這うようにヒマラヤスギ本来の姿を止めており、山手地区のなかで貴重な姿を見せている。また、代官坂のクリフサイド横にも中程度のレバノンスギが一本あり、クリスマスの時期になると電球で美しく飾られる。

◆ベーリック・ホール

イギリス人貿易商B・R・ベーリックの邸宅として、一九三〇年にJ・H・モーガンの設計によって建てられた。永くセント・ジョセフ・インターナショナル・スクールの寄宿舎として使われてきたが、二〇〇一年に横浜市が買収して公開されている。道路に面した庭に建設当時に植えられた三本のヒマラヤスギがある。

◆横浜共立学園・横浜女学院

また、石川町から地蔵坂を登った右側の蓮光寺上の二〇七番地に横浜女学院と、二一二番地に横浜共立学園がある。横浜共立学園本校舎はかつてS・R・ブラウンの住宅があった場所で、一九三一年（昭和六）にW・ヴォーリスの設計によって建設された木造の校舎は横浜市の文化財に指定されている。建設当時、正面玄関両側に二本の小さなヒマラヤスギが植えられ、今日、成長して見事な景観となっている。

そのとなりに横浜女学院がある。狭い校庭だがその稜線に三本のヒマラヤスギがある。目通り一五〇センチ程度だが、やはり昭和になって植えられたものであろう。ただし崖側の幼稚園側の大きな一本は、かつて隣接していたハリストス正教会（昭和十年に建設され昭和五十五年に統合のため神奈川区に移転）のものである。

◆ヘボン博士旧邸

ワシン坂通りの韓国領事館を右手北方町方向に下った山手町二四五番地に、ヘボン博士が一八八二年（明治十五）～一八九二年（明治二十五）まで住んでいた住宅がある。現在はマンションになっているが、当時の景観を僅かながら残している。広い周囲の庭に、目通り一一〇センチ程度のヒマラヤスギが七本手入れよく植わっていて、旧居留地の雰囲気を残している。

◆山手ワシン坂上「香港上海銀行寮跡」

谷戸坂から港に沿って小港に下りていくワシン坂通りは、居留民の遊歩道のコースになっており、恐らく初期のものと思われるヒマラヤスギの巨木が数本残っている。

香港上海銀行横浜支店が横浜に開業したのは一八六七年のことであった。建設時期については不明であるが、山手町一七一番地のワシン坂上に香港上海銀行の宿舎があり、その敷地に大きなヒマラヤスギが五本植えられていた。恐らく山手公園と同じ初期のもので、目通り二五〇センチ、樹高二〇メートルはあった。しかし、一九七〇年代に敷地を神奈川県が買収したが、さらに不動産会社に売却され、マンション建設のために伐採されてしまった。

◆山手聖公会（クライスト・チャーチ）

山手本通り外国人墓地近くにある山手聖公会（クライスト・チャーチ）は、一九〇一年（明治三十四）にJ・コンドルの設計によって煉瓦づくりで建築された。建物は関東大震災で完全に崩壊したが、それまでの写真ではヒマラヤスギがあったかどうか確認できない。しかし、一九三一年（昭和六）にJ・H・モーガンの設計で再建され、現在は玄関脇に二本のヒマラヤスギが植えられている。

◆カトリック山手教会

山手本通りフェリス女学院の側にあるカトリック山手教会は、昔から「トンガリヤソ」として親しまれており、山手の象徴としていまでも日曜画家の写生の対象となっている。現在の山手四四番地に建設されたのは一九〇六年（明治三十九）である。当時の絵でみると前庭に樹高七〜八メートルのヒマラヤスギを数本確認できる。しかし、この建物も関東大震災で完全に崩壊し、現在のように再建されたのが一九三三年（昭和八）チェコの建築家J・J・スワーガーの設計によってである。以前にあったヒマラヤスギはなく、たった一本が今でも入口脇に残されている。目通り二五〇センチ、樹高一八メートルの大木である。

◆横浜ユニオン教会

山手町六六番地、元街小学校正門前の坂道にあるユニオン教会も横浜の古い歴史を背負っている。一八六三年（文久三）にヘボン博士によって山手四九番地につくられ一九一〇年（明治四十三）に礼拝堂が竣工した。しかし、関東大震災で破壊され、一九二七年（昭和二）現在地に再建された。山手の教会の建築物としては目立たない存在であるが、庭に目通り一八〇センチ程度のヒマラヤスギがある。恐らく戦後のものであろう。

◆横浜海岸教会

一八七一年（明治四）にJ・H・バラらによって、居留地一六七番の横浜開港資料館側の現在位置に、日本人を対象として建設された石造りの小会堂ができた。この建物も関東大震災で完全に崩壊するのだが、それ以前の写真をみると五メートル程度の背の低いヒマラヤスギが敷地の周囲に植えられている。さらに、明治三十年代と思われる日下部金兵衛撮影の写真には、樹高七メートル程度の二本のヒマラヤスギが玄関両脇に植えられている。

大震災後、カトリック山手教会と同じく一九三三年（昭和八）に現在の建物が建設され、戦災をくぐりぬけて今日に至っている。そして、現在、玄関脇に目通り一八〇センチ程度、樹高一五メートル程度の一本だけが残っているが、震災後に植えられた二本のうちの一本であろう。

◆横浜開港資料館

現在、神奈川県庁となりの開港広場にある横浜開港資料館は、かつて英国領事館であった。一九三一年（昭和六）に英国商務省の設計によって建築された。一九八一年に横浜市が買収して本館を保存したまま、資料館を新築したものである。アジア地域の英国領事館によく見られるように、本館の玄関左右に二本（後に横浜公園に移植）と裏庭に大小一九本のヒマラヤスギがあり、独特の景観を見せていた。

現在残っているのは中程度の樹の五本で、あとは横浜開港資料館として整備するときに移植ないし伐採してしまった。

◆横浜公園

山手公園と同じように外国居留民の要望で造成され、一八七五年（明治八）に完成した横浜公園には、初期のヒマラヤスギがないというのはどういうわけだろうか。一八八〇年代の写真にも写っていない。現在の横浜公園にはヒマラヤスギを見ることはできないが、一九八〇年以前には数本の樹があった。日本大通りに面した入り口付近（かつての野外音楽堂付近）に目通り一五〇センチ、樹高一七メートル程のものが二本あった。『時事新報』の大正八年の記事によると、山下町の英国領事館にあったヒマラヤスギ二本が、当時の横浜市の要請によって横浜公園に移植されたという記事があるから、その樹のことであろう。しかし、一九七九年（昭和五十四）の台風二〇号で倒れてしまい、今はみることができない。

また、横浜スタジアムがかつて「横浜平和球場」と呼ばれた一九七七年まで、周囲に入り口付近と同じ程度の大きさのものが五本あったが、現在のスタジアム建設のために南区六ツ川の「横浜こども植物園」に移植された。

◆元英海軍病院跡・港の見える丘公園

また、現在の「港の見える丘公園」周辺は元英海軍病院跡であり、明治二十年代には二面の

英海軍病院でのテニス・パーティー　1914年　O.M.プール氏撮影

テニスコートがあった。一九一四年（大正三）のO・M・プールの写真に目通り一〇〇センチ近いヒマラヤスギと、テニスをする婦人たちが写っているのをみると、山手公園と同じ時期のものと思われるが、今はない。

公園に隣接するイギリス館は、英海軍病院跡の一部に一九三七年（昭和十二）に建設された元イギリス総領事公邸である。一九七三年に横浜市が買収して市民利用施設としたものである。その当時まで、庭に数本のヒマラヤスギがあったが、その大きさからみて明治期のものではなく、公邸建設と一緒に植えられたものであろう。しかし、平成八年に庭園を拡充し山手一一一番館庭のバラ園と一体化するために伐採し、今は三本しか残っていない。隣接するフランス山にも中程度のヒマラヤスギが数本ある。

◆山下公園付近

また、山下公園通りに面したホテル「ザ・ヨコハマノボテル」（旧ザ・ホテル・ヨコハマ）は、以前、米国領事館だったところである。領事館前庭に数本のヒマラヤスギが植えられていたが、ほぼ英国領事館と同じ程度のものであった。現在、ホテル横にあるヒマラヤスギは、その残存の一本である。ちなみに、山下公園内にある背の低い十数本のヒマラヤスギは、関東大震災から出た瓦礫捨て場として公園が造成された昭和初期に植えられたものである。しかし、瓦礫と海水のために成長が遅い。

◆神奈川県庁舎

現神奈川県庁舎は、開港当時運上所のあった場所に、四代目として日本人建築家によって一九二八年（昭和三）に竣工したレンガ張りの重厚な建物である。最初の運上所も二代目の庁舎も一八八二年に焼失してしまった。翌年、ブリジェンスの設計によって一八七三年に建てられた横浜税関の建物を譲り受けて移転した。この時代の神奈川県庁舎を写した絵葉書に、玄関両脇に五メートル近いヒマラヤスギをみることができる。とするとこれは明治三十年代に植樹されたものと思われる。

現神奈川県庁舎の尖塔は横浜市開港記念会館のジャック、横浜税関のクイーンにたいしてキングとして有名である。前庭にヒマラヤスギが植樹され、今残っているのは目通り一八〇センチのものが三本である。幹に「アフガニスタンの高地に自生。マツ科の仲間だが、葉形がスギに似ているので、この和名がつけられた」という標識がある。

いずれにしても、こうした西洋式建築、なかでも公共の建物が完成すると、記念植樹や庭園樹にヒマラヤスギを植えるのが当時の流行であったと思われる。調査は不十分だが、とくに昭和初期に建設された県庁舎の多くは竣工時には植樹していたらしく、恐らくヨーロッパで「高貴、壮大、美、力」のシンボルといわれる洋風樹を植えることによって、「官」の権威の象徴としたのではないかと思う。たとえば首相官邸、大蔵省玄関前のヒマラヤスギ、京都市役所前のものもかなりの大樹である。

◆横浜税関

横浜税関は一八八五年（明治十八）に新庁舎を建設する。この庁舎の初期の絵葉書にはヒマラヤスギは見当たらないが、関東大震災前の大正十年前後の絵葉書には、左右の玄関脇に樹高五メートル程度のヒマラヤスギの苗が植えられているのを見ることができる。なお、現税関庁舎前に中程度のものが一本植えられている。

◆根岸競馬場

一八六二年に競馬が横浜で始まったことは良く知られているとおりである。日本最初の根岸競馬場の一等スタンドは、関東大震災後アメリカ人J・H・モーガンの設計で一九二九年（昭和四）に完成した東洋一のものであった。今でもそのコンクリートと鉄骨部分が保存されているが、競馬場の山元町通りからの右の正門口に二本と、奥に数本のヒマラヤスギが植えられている。いずれも目通り一八〇～二〇〇センチ、樹高一五メートル程度のもので、竣工当時に植えたものであろう。

◆横浜市中央図書館

横浜市に図書館が欲しいという声は明治時代からあがっていたが、ようやく仮閲覧所が現横浜公園内にできたのが一九二一年（大正十）のことであった。本館の建設にとりかかろうとした時に、関東大震災のために計画をやり直し、場所を野毛山公園入り口の旧老松小学校に移し、一九二七年（昭和二）に完成した。同時に図書館の別館として震災記念館（後の市民博物館から老松会館）が隣接して建設された。

図書館の前庭に完成記念としてヒマラヤスギが十数本植樹された。一九九〇年に現在の同じ敷地に中央図書館の建設工事が始まった時は、目通り一五〇～二〇〇センチ、樹高一五メートル近のものが一三本あり、独特の景観をつくっていた。しかし、工事とともに伐採され当時の樹は一本しか残っていない。

◆Y校、滝頭小学校、磯子区、その他

横浜でY校の呼び名で親しまれている市立横浜商業高校は一八八一年（明治十四）に横浜商

法学校として設立された。横浜の文明開化の受け手として、野球、テニス、ボートなど積極的に欧米輸入のスポーツや文化を吸収した学校であった。一九一七年（大正六）に横浜市に移管され、横浜商業高等学校となった。現在の敷地周囲には目通り一八〇センチ程度のヒマラヤスギが十数本植えられているが、戦後の植樹と思われる。

磯子区内にある滝頭小学校は一九二八年（昭和三）に設立された。校舎の竣工記念に玄関左右にヒマラヤスギが植樹された。一本は平成八年に台風で倒れ、幹の輪切りが記念に玄関横に飾られている。残っている一本は、現在目通り二〇〇センチのものだが、下枝が取り払われて電信柱状になっている。昭和三十八年につくられた校歌の三番に「ヒマラヤスギが椎の木立が、毎日見ている、励ましながら」と唱われており、新校舎の側面にはヒマラヤスギのレリーフが刻まれている。

こうした明治大正期に開校した小学校にヒマラヤスギが植えられていて、校歌にも歌われている学校が全国にかなり多くある。横浜植木会社が明治四十年頃、売れ残った苗を神奈川県を始め多くの学校に寄贈したことによるものであろう。

また、大正・昭和初期の洋風住宅の庭にヒマラヤスギを植えることが、当時の最先端の流行であった。たとえば、横浜市磯子区の海岸一帯は明治時代から海水浴が盛んであり、また洋風生活洋式をいち早く取り入れた横浜商人たちの別荘地でもあった。そのためであろうか明治末頃から洋風別荘の庭にヒマラヤスギが植えられることが多く、大きなものが数本あったが、宅地化が進むにつれて、現在は殆ど伐採されてしまった。

イギリスのアジア進出とヒマラヤスギ

ヒマラヤスギのなかでもレバノンスギとキリスト教との関係については、すでに聖書の記述だけでなく、横浜市内の教会のヒマラヤスギについても見てきた通りである。

また、一八七九年にヒマラヤスギの種子を最初に横浜に持ち込んだとされるブルックがイギリス人であること、さらに英国関連の施設に植樹されていることが多いことから、ヒマラヤスギとイギリスとの間にどんな関係があったのだろうかと、関心が湧く。

ヒマラヤスギについて一つのエピソードがある。パリのロスチャイルド財閥では、一八六二年にパリ家の当主ジェームズ・ドゥ・ロスチャイルドがナポレオン三世をパリ郊外の新邸フェリエール館に招いた。その時、同家を訪れた国家元首はヒマラヤスギの若木を一本植樹するというロスチャイルド家の慣例に従って、ナポレオン三世はこの勧めに従ったという。

ロスチャイルド家がなぜ植樹にヒマラヤスギを選んだかについては、ユダヤ人には男子が生まれるとシーダーを一株植える習慣があったことがあげられよう。ロスチャイルド財閥は十八世紀末にドイツのフランクフルトからでたユダヤ一族の新興財閥である。十九世紀から二十世紀にかけて金融だけでなく、ヨーロッパ、アジア地域の貿易を支配しており、また王室や独裁政治家に大きな影響力をもっていた。

ロスチャイルド家はアジア地域では東インド会社を通じて巨利をあげており、また香港、上海、横浜にもさまざまな拠点があり、有名なジャーディン・マセソン商会、香港上海銀行はその支配下にあった。

ヒマラヤスギを植樹するのが慣例といっても、欧州でロスチャイルド家が権勢を振るうようになってから、わずか半世紀の歴史であるとすれば、やはりヒマラヤスギを植樹することによって、ヨーロッパをはじめアジア地域にも及ぶロスチャイルド家の支配力顕示の象徴としたのではないかと考えたい。

イギリスはインド、カシミール地区、ネパールへの植民地経営の歴史を通じて、香料、お茶を始めあらゆる特産物、文化遺物を本国に送っている。十六〜十七世紀にかけて多くの植物がイギリスに持ち込まれ、造園につかわれている。ヒマラヤスギもその一つであった。

広々とした芝生のなかに円錐状に形よくたつ針葉樹の人気が高かったと推測できる。ヒマラヤスギはそうした植民地で巨大な利益をあげた貴族や商人たちの栄光の証でもあったにちがいない。イギリスの古い時代の大きなな庭園にはレバノンスギかヒマラヤスギがかならず植えられていたという。

こうして、ヒマラヤスギやレバノンスギが旧約聖書にある「聖なる樹木」というだけでなく、イギリス人のブルックがヒマラヤスギを横浜に持ち込んだのも、似たような動機ではなかったかと推測される。

ブルックはオーストラリアの政界で失脚すると、インドにしばらく滞在し、各地を旅行をした上で日本にきている。その時にイギリスの庭園にあるヒマラヤスギを、インドの現地でみたのではないだろうか。

インドのシムラでみられるのは、レバノンスギではなくヒマラヤスギである。イギリスの詩人・ラディヤード・キプリングはインドのボンベイに生まれ、一八八二年からインドのジャーナリズム界で活躍し、以後インドを題材とした詩や小説を多数発表している。彼は一八八五年の夏、パキスタン国境に近いインド北西部の都市シムラに二カ月滞在している。シムラは「英領インドの夏の首都」であり、日本でいうと軽井沢にあたるようなインドのなかの外国人の保養地で、イギリス人やインドの高官が集まっていた。そして、壮大なヒマラヤスギはシムラの丘の看板であった。

キプリングがシムラに滞在した時より二十年前頃になるが、一八六七年から二年間インド各地を旅行したブルックも、またシムラを訪れているのではなかろうか。そこでキプリングと同じように巨大なヒマラヤスギに感動したのではないかというのは、残念ながら資料はないので私の推測である。

そしてブルックは一八六九年に横浜にきて、『ジャパン・ヘラルド』の編集に従事し、十年近く経って生活も定着してきた一八七九年に、日本への輸送基地であるインドのカルカッタ（ここに大きな植物園がある）からヒマラヤスギの種子を取り寄せ、山手に播種したのではないかと思う。

以上のように考えると、ブルックがヒマラヤスギを日本に輸入したのは、本国イギリスでみた大邸宅の庭園を飾るヒマラヤスギに、インドにおける楽園シムラを再現したいと考えたのではないかというのが、私の今日の段階での解釈である。

とすると、横浜のヒマラヤスギは大英帝国のインド植民地政策の置き土産ということができるかも知れない。

物語その5

山手公園と作家たち

牛田雞村「蘽街の夕」（中華街）大下図　青梅市立美術館

ハイカラとロマンのヨコハマ。山手公園は居留地時代の最後の名残を残していた。作家たちはそこに逝きし古いヨコハマの面影を見る。

ある不倫の結末――歌人・北原白秋

明治四十五年のある春の日。傷心をいだいた白秋は、横浜の山手一帯から現石川町駅裏の大丸谷のまわりをうろついていた。一人の女性の行方を探しているのだ。

その女性の名は俊子。二十五歳の多感な白秋は、東京青山の下宿の隣家の粗暴な夫の下で悩んでいた文学好きの人妻松下俊子に同情して同棲。しかし、夫松下の告訴によって二人は姦通罪で逮捕され投獄されて、当時、文芸汚辱として騒がれた。

俊子は保釈の後、行方不明になる。白秋は一カ月後に無罪放免になるのだが、罪の自意識に錯乱状態になった。大正二年一月二日、死に場所を求めて、「哀傷のあまりただひとり海を越えて三崎に渡る。滞在、旬日、幸いに命ありてひとまず都に帰る。これがわが流離のはじめなり」(雲母集)。これが白秋と城ケ島との結びつきになる。

やがて、俊子が横浜の外国人相手のチャブヤで荒んだ生活をしており、肺結核を病んでいるという噂がとどく。白秋は彼女を探して山手一帯をまわる。大正二年のある日、歩き疲れて、横浜山手の公園のベンチで休んだ。そこから華やかな声とともに、テニスボールを追う外国人女性の姿が木陰に見え隠れした。

やわらかにローンテニスの球光る

公園に来てけふもおもへる

（歌集『桐の花』哀愁編、大正二年）

大正二年四月、ついに俊子を探しあてた。白秋は荒んだ彼女を救うべく、説得した。二人は横浜の隠れ家に同棲し、あらためて正式に妻に迎えるべく両親の許しを乞うのであった。そして大正二年、相州三崎の向ケ崎の異人館に愛の家をもつ。「城ケ島の雨」がつくられたのもこの年の春である。しかし、俊子との間は長くは続かなかった。

俊子が潜んでいた場所が、「横浜市石川町大丸谷二七　デボリーホテル　渋谷方」であったことを、私に教えてくれたのは、元三浦市長の野上飛雲である。

白秋もテニスが好きだった。大正七年、小田原に移った白秋を若山牧水夫妻が尋ねたとき、御幸ケ浜にあった養生館のコートで西村隆一を加えて、テニスを楽しんでいる。牧水の喜志子夫人が一番成績が良かったという。

ヨコハマの大正ロマン――詩人・柳沢健

関東大震災で横浜が壊滅的な打撃を受ける前のヨコハマは、抒情にあふれていた。

一九一八年（大正七）十一月、横浜に住む三人の詩人、熊田精華、北村初雄、柳沢健が集ま

詩集『海港』 1918年

って、詩集『海港』を刊行した。
その一人柳沢健は、二十九歳で横浜郵便局の外国課長でもあり、三木露風を中心とする大正浪漫主義を代表する象徴派の詩人であった。彼は当時のヨコハマをこう歌いあげる。

「窓から覗《のぞ》けば、
赤い建物はグランドホテル、
山の上の風景は仏蘭西人コンシュール館の薄霞
静かな雨、白い海鳥、ジャバの紅茶
カピタン室の空気の重さ、軽さ」

柳沢には山手公園のテニスをうたった詩がある。『ローン・テニス』という詩である。これほど華麗なテニスの詩を私は知らない。彼はきっとテニスをやったことがあるにちがいない。

「深き緑と、もつるる微風と、
踊れるものよ、湧きたつものよ。

足には軽き白靴を、手にはボールを、
覗《うかが》ひ、覗ひて、彼女の肩を。

ボールは強く右手にひびく、
微風よ、微風よ、さざめき立てよ。

白きラインと白靴と、緑の芝生、風の舞、
ボールは弾《はじ》き、一息にさざめく風を切って出づ。
白き網《ネット》に燦爛《さんらん》と陽《ひ》は粉々の青と散る。
五月の黄金《きん》に塗《まみ》れたるボールは跳る靴のそば。

子供は叫ぶ柵の外、
空には光る蝶の羽。

深き緑と、もつるる微風と、
踊れるものよ、湧きたつものよ。

山手公園所見」

しかし、関東大震災のあと、こうしたヨコハマはすっかり変わってしまった。獅子文六は『横浜の悲哀』のなかで、こう悲しんでいる。

「今の若い者に、横浜が東京をリードした時代があつたといつても、信用しないにちがいない。福沢諭吉の思想が、横浜でどういう風に発展したかということは措いても、今の銀座の地位を横浜が占めていたことなぞ知らない人が多いだろう。（中略）そして、関東大震災で、横浜は潰滅し、やつと復興した時は、東京の場末のような街になつていた。反対に、東京の銀座は、昔の横浜の特色を奪つてあまりあるほど洋風の街になつた。私なぞは、横浜は、震災で亡んだと考えている。」

だが、それから七十年たった今日の横浜を見たら、獅子文六は何というだろうか。

絵のなかのヒマラヤスギ——画家・牛田雞村

絵のなかにヒマラヤスギがある。古き良き時代の横浜への回想と惜別の絵のなかのことである。それは、横浜が生んだ大正期の日本画家牛田雞村《けいそん》（一八九〇～一九七六年）の描いた「藁《こう》街《がい》の夕《ゆうべ》（中華街）大下図」のなかのヒマラヤスギである。

雛村は横浜市南仲通一丁目に生まれ、速水御舟らとともに「赤曜会」を結成し、大正期の日本画に独自の業績を残した。その代表作のなかに大正十五年に院展に出品した「蟹江《かにこう》二題」がある。一つは「蛮船の泊」で横浜の港に停泊する黒船の様子を描いたもので、もう一つは「藁街の夕」と題する中華街と周辺の街を暗い色調で描いたものである。この二点はその後、横浜市に寄贈され、野毛の旧市長公舎の応接間に飾られていた。「蟹江」とは、蟹の横歩きで横浜の「横」を意味し、江は「浜」のことで「横浜」の意味である。

もう一つの「藁街の夕」の大下図のことである。本画では見にくいが大下図（青梅市立美術館蔵）をみると、右斜めの家屋は中華街の夕方の様子で、道に人力車や中国人や外国人水兵がおり、左上にまた建物が描かれているが、左下は本画では暗くてなにが描かれているのかよく分からない。しかし、これは明らかにヒマラヤスギである。

「藁街」とは、漢代の長安城南門内の街の名称で、諸夷人（外国人）が集まって住む街のことである。異国人が集う横浜の街、つまり居留地であり中華街のことである。雛村がこの絵を描いたのは大正十四年頃であり、関東大震災で壊滅した横浜の港町の情景を回想したものであろう。中華街が、ガス灯が、人力車が、港の信号灯が描かれ、そして左下の暗がりに二本のヒマラヤスギが描かれている。これらは全て震災で壊滅した横浜を追憶したもので、それを「藁街」と呼んだ。雛村はヒマラヤスギを異国人の街の樹木の象徴として見ていたのであろう。

球ひろいをする子供たち――童話作家・平塚武二

横浜山手の外国人居留地は、日本のなかの外国であった。それゆえに、かもし出されるエキゾティックな雰囲気が、いまでもヨコハマに染みこんで消えない。その横浜山手のテニスの風景を想い出す一人の作家がいた。

童話作家平塚武二は明治三七年に、中区末吉町に生まれた。子供のころ山手の外国人住宅の周辺は、興味津々たる遊び場であったし、またはたらき場所でもあった。

童話『ヨコハマのサギ山』のなかの子供トコちゃんは、丘の上にある外国人のテニス・コートで働いていた。

「坂をのぼると、目の前がひろくひらけて、根岸の競馬場のスタンドと、アマチュア・クラブという、外国人の体育クラブの運動場が遠くに見えます。競馬場では、もうじきはじまる秋の競馬の練習をしています。テニスコートでは、ポーン、ポーンと、テニスをやっている音がしています。

トコの家は貧乏だし、子供はおおいし、いつもお金がたまりません。だから、トコのねえさんたちは、十三と十一でまだ小さいけれども、学校がひけると、アマチュア・クラブへいって、テニスのたまひろいをしてはたらいているのです。

たまひろいの子は、コートのすみにたっていて、テニスをしているものが打ちそこねてにがしたたまをひろうのです。たまはあっちにころがったり、こっちにころがったり、そのたびにかけまわり、あそぶ人のためにはたらかねばならないなんて、貧乏はつらい。でも、そうやってもらうお金が、あかちゃんのおっぱいになるのです」

このテニスコートは山手のレディーズ・ローンテニス・アンド・クロッケー・クラブではない。横浜の矢口台にある現在のＹＣ＆ＡＣという外国人の運動クラブで、創立は一八七二年のヨコハマ・クリケット・クラブがその前身である。しかし、山手公園のコートでも同じ風景が見られた。

ヨコハマのなかの外国——作家・中里恒子

作家中里恒子は明治四十二年に藤沢で生まれたが、間もなく横浜根岸に移り、山手公園に近い当時の紅蘭女学校（現在の横浜雙葉学園）に通った。

関東大震災で一家は焼け出され、神奈川高女に移ったが、山手の少女時代は、彼女の文学に繊細なかげをおとしている。昭和二十二年に刊行された随筆『横浜山手』のなかで、彼女は少女時代を過ごした震災前の山手公園のテニス・クラブの辺りを、なつかしく思い出している。

「山手公園も、昔はたしかに木戸が閉まったりして、無暗に通行出来ないやうであったが、今では一般的な遊び場なども出来、北方あたりの商家の主人が子供の三、四も引き連れて、ぶらんこ、すべり台に興じたり、ベンチではねんねこ半纏の子守が編み物に余念もない。

小ぢんまりと綺麗な、公園というよりは上品な庭で、せんから花樹多く、新緑の丁度今頃は樹の間の紫陽花が咲き匂ひ、しんと人気のない午後の静寂は恐ろしいほど見事であった。よく本を抱へて勉強にいった。

上へ廻って一段低い道の右手に、外人倶楽部のテニスコートがある。普段は錠が下りているが、土曜日あたり外人家族や婦人達の派手やかな試合がみえる。」

日本人立ち入り禁止の公園、外国人のテニスコートでタマひろいをして働く日本の子供たちの姿、外国人女性の派手な声が聞こえるエキゾチックなヨコハマ山手は、反面、植民地の風景にも似ていたのであった。

恋と栄光の挫折──作家・三島由紀夫

昭和三十年の頃であろうか。横浜山手公園のテニスコートで、懸命にボールを追っている一人の女性がいた。ヒマラヤスギの梢からもれる日差しが、激しく動く彼女を右に左にとらえて放さない。

三島由紀夫は彼女のことを、こう書いている。

「まだ三十三歳の母の躰は、テニス・クラブに通っているので、華奢ながらよく均整がとれて美しかった。（中略）彼女の肩は海岸線のようになだらかに左右へ下がり、頸筋や腕はほのかに日灼けがしていたが、胸もとからは、内側から灯したように温かい白さの、薄く膏《あぶら》の乗った、無染の領域がはじまっていた」

彼女の名は黒田房子。元町通りの舶来用品店「レックス」の女主人。洋風の家は谷戸坂を登りきった丘のうえにあった。良人の死後、十三歳の一人息子の登と洋風の家に住んでいる。ある日、彼女と登の前に、二等航海士塚崎竜二が現れる。登と友だちは、雄々しい海の英雄にあこがれ、母房子は恋におちいる。

竜二が航海に発つと「房子はテニスと紹刺に前よりも熱中し、週末はおろか、店の閑をぬすんでは妙香寺台下のテニス・クラブにゆき、夜は夜で、桐枠の中の生絽《きろ》に向かって紹刺針を動かした。（中略）忘年試合の女子ダブルスで、房子はついこの間、このトロフィーを得た。そして竜二にとっては、これらのものすべてが、留守居の房子の貞潔のしるしであった。」

登はある夜、母の不倫をかいま見てしまった。登たちにとって恋におちた海の英雄なんて、なんの価値もなかった。子供たちは裏切った彼に死の懲罰を下すことを決意した。

ある晴れた日の午後、海の見える丘で、子供たちによる死刑の儀式がはじまる。竜二はなんの疑いもなく、その誘いに参加するのだった。

房子とは三島の小説『午後の曳航』の女主人公である。房子が店を抜け出してプレーしていたテニス・クラブは、今も横浜山手にある横浜インターナショナル・テニス・コミュニティである。そこでは、いまも大勢の「房子」たちが、コートを走りまわっている。

三島は横浜が好きだった。元町でよく彼の姿を見かけたものだ。ただ、三島は剣道やボディービルに励んだが、テニスをしたかどうかは聞かない。

エピローグ――その後の山手公園とテニス・クラブ

一八七八年（明治十一）から山手公園を婦女弄鞠社（レディーズ・ローンテニス・アンド・クロッケー・クラブ、ＬＬＴ＆ＣＣ）が年間一五〇ドル（二〇六円）で借り受けて、管理することになった。

公園には柵がもうけられ、普段は日本人の立ち入りが禁じられていた。まさに横浜のなかの外国であり、周辺の住民は「花屋敷」とよんで、外側から眺めるのであった。また、外国人旅行者への日本観光土産として、日本女性をモデルにした公園風景の絵はがきが何種類も作成されて売りだされ、今日でも数種類残っている。

居留地制度の廃止以後

一八五九年（安政六）に横浜が開港されたときに、各国と結ばれた「通商条約」によって、一定地域に限って借地と居住・営業を認めた居留地の制度ができたことは、前にも述べたとおりである。こうした居留地には永代借地権には期限が定められず、また借地料の値上げも認められず、さらに裁判権が外国領事側にあるという特権があり、植民地的な不平等さであった。
日本側はこうした不平等条約の改正をめざして各国に働きかけ、居留民の反対を押し切り、ようやく一八九九年（明治三十二）に改正条約が成立して、居留地制度は廃止されることになった。外国人も日本の法律に服することとなるかわり、日本中どこでも居住・営業ができることとなった。このことを当時は「内地雑居」と呼んだ。
しかし、横浜居留地の永代借地権は無税・低地代の特権として存続し、完全解消は一九四二年（昭和十七）までかかった。だが、山手公園の管理については、神奈川県から厳しい条件がつけられるようになった。一九一五年（大正四）の神奈川県のクラブへの五年間の土地貸与契約書には、次のような条項がふくまれていた。
第三条　婦女弄鞠社のために使用するのは一五〇〇坪を越えてはならない。
第七条　婦女弄鞠社遊戯に使わない地域については常に無代にて公衆の自由入場を許すべし。
第八条　借地人は次の制限に従い屋外遊戯のため、本地区をその倶楽部員の専用に供することができる。
一　一カ月四回以内のこと。
二　毎回一二時間を越えざること。
三　一回一人に付き一円以内にて観覧料を定め入場を許すこと。

第十条　公益を害し、若しくはこれを害する虞れありと認め、又は公用若くは公共の利となるべき事業がある時は、返還させることがあるべし。

神奈川県は政府の代理機関として一応、土地を婦女弄鞠社に安く貸与して山手公園を管理させている条件として、厳しく公共性の履行を契約書にうたっている。しかし、倶楽部員の専用は月四回とか、公園への公衆の自由な入場という条件は守られなかった。

外国人によるテニス活動は活発に続いており、一九二一年には英国庭球協会公認の第三回日本庭球選手権大会（第一・二回は神戸）が山手公園で開かれている。一九二〇年に発足した日本庭球協会による第一回日本選手権大会の一年前のことである。この頃には五面のコートが一〇面にまでなっていた。

公園の半分が横浜市に

一九二三年（大正十二）の関東大震災により、市街地はもちろん山手一帯は灰塵と化したが、震災後、次第に街の復旧が進み、山手公園周辺も住宅が建て込みはじめた。震災の体験から、市民のための防災空間として公園が必要となってきた。しかし、山手公園は居留地制度が廃止になってからも、クラブに貸し付けられたままで、外国人専用の公園として続いていた。

土地は官有地として神奈川県が所管していたが、横浜市はこの一九二五年（大正十四）に五

震災後、西側の半分が市民に開放された山手公園　昭和初期

年毎の貸し付け期限が終了することを機会に、テニスコート部分を除き、公園西側の桜道沿いの崖地三四二八坪を市民の公園とすることを政府に働きかけた。

この経過を昭和九年発行の『横浜復興誌』は、次のように書いている。

「山手方面は市内に於いても枢要住宅地帯なるにも係わらず公園の設備を欠き之が施設の必要あり。外人へ貸付けたる本園の一部千五百坪を弄鞠遊戯の為使用する外一般公衆の自由入場を許すべき条件なるも、従来その入場は制限され公園としての利用全からざりし情態にあり。大正十四年三月貸付期間満了を機とし、本市に於いて之が貸下を受け公園として維持経営せんとし、大蔵当局に対し交渉をなし。」

一九二七年（昭和二）に公園の半分にあたる面積が、国から横浜市へ無償で貸し付けられることとなった。

横浜市は早速、震災復興事業として整備工事にとりかかった。当時の金で二万円をかけて整地され、遊具もつくられ、ヒマラヤスギも十数本追加植樹され、翌年十月に完成して市民に公開された。しかし、そのヒマラヤスギは戦時中に炭焼きのために伐採されたり、戦災で倒れたりして今は残っていない。

こうして山手公園が外国人専用公園としてつくられてから約六十年を経て、やっと半分が横浜市民に戻ってきたのであった。しかし、テニスコートを含む東側半分は、そのまま婦女弄鞠社の専用として貸し付けが続けられた。

昭和七年十一月二十九日の『横浜貿易新報』に記者の山本和久三は「山手公園・或日の感じ」というコラムを載せている。

「山手の街の感じは公園の感じだ。自動車以前の時代に山手を歩いた感じの記憶が若し私達に残つていたならば、それは公園に在る感じ以外のものでないに相違ない。環境から来る感じ、連想からくる感じ、どつちをちぎつて持つて来ても、山手の街はそれ自身大きな公園である。

だから假に桜道上の山手公園へ一歩踏み入れて見ても、公園に来たという感じが極めて薄い。あの公園位のものは、すこし大きな邸宅内の庭園に過ぎぬからだ。それにこの公園には、欲しいものが直ぐ隣地にあるのが目障りだ。自分のものになれば大していいとも思わぬかも知れぬが、直ぐお隣に幾つものテニスコートが整然としてラケットの響きを待っている姿が、如何にも羨ましい。市があの公園を管理することになってから何年経つか知らないが、お隣のテニスコートを半分でも譲って貰へばよかった。『犬入るべからず……』と書いてある英文が、何か知らくすぐったい風刺に思へぬでもない。一つの市営テニスコートを持たぬ横浜市民は、このプライヴェートの沢山のコートを眺めて、敢えて艶羨の情に禁へぬものがあろう。

しかし、遊ぶ子供達には、そんな問題は対岸の問題だ。自然に作られた土の階段を、猿のように登ったり降りたりして嬉々として遊んでいる近所の学童たちがあった。之等の児童の姿を、冷たいベンチにぢっと見ているルンペンがあった。たった一人だった。ハラハラと散る落ち葉の音に寒い師走は眼の前に迫っていた。」

昭和の初期、日本は不況と冷害のなかにあった。山手の町並みや山手公園の外国人テニスコートを覚めた眼でみている市民がいたことも、事実である。

ここで、もう一人横浜ゆかりの人物を紹介しておきたい。それは、物語4の「ヒマラヤスギのきた道」で紹介した故上原敬二東京農大名誉教授のことである。

上原敬二は東京帝大の林学を卒業後、国の役職を捨てて東京高等造園学校（後の東京農大造園学科）をつくり、多くの造園技術者を育てたわが国造園学の先駆者といわれる人である。そのかたわら一時期、横浜市の嘱託員として関東大震災後の横浜の公園緑化計画に貢献している。一九二六年の『横浜市職員録』に土木局嘱託として名前が載っており、仕事は「都市計画公園に関する事務」とある。

今でも五月末から六月に横浜公園でおこなわれる「開港記念バザー」の植木市は、横浜の緑化を進めようとした氏の発案で、横浜市内の植木業者に呼びかけて始まった。これは植木業者が販売用に持参して売れ残った苗を横浜市が買い上げて植樹に使うという一石二鳥の計画でもあった。上原は横浜公園の震災復興にも貢献しており、横浜に縁が深い人なのである。

接収から戦後の移り変わり

一九四一年（昭和十六）太平洋戦争が始まり、英米は敵国となり、外国人たちの多くは横浜から本国へ引き揚げていった。テニスをプレーするものもいなくなり、クラブの管理もできなくなってきた。

横浜市は防空緑地計画をたて、その一環として山手公園も含まれた。そのため用地の完全取得を目指して、一九四二年（昭和十七）に山手公園を近隣公園として都市計画決定を行い、翌年、公園全域を横浜市が国から買収して、ここで初めて創設七十五年目で山手公園全域が市有の公園となった。テニスコートや付帯施設も敵国財産として買収されて横浜市の所有になった。

戦争が激しくなり、食料や燃料が不足となり、公園の平坦地は芋畑となり、多くのヒマラヤスギは伐採されて炭焼され、市営バスの燃料となった。市民には公園を楽しむ余裕はなかった。そして一九四五年（昭和二十）五月、横浜は米軍機の大空襲を受けた。山手公園の施設は焼失し、ヒマラヤスギや玉楠も倒れたり焼失してしまった。今残っているヒマラヤスギはそれをくぐり抜けてきたのである。

こうしてみると、一八七九年に播種されたというヒマラヤスギは、関東大震災前までは山手一帯にかなりみられたが、関東大震災で失われたものが多く、さらに戦災で打撃を受け、続いて戦後の宅地開発で伐採されてしまった。横浜に現在まで残っているのは、山手公園の九本、元街小学校校庭の一本、カトリック山手教会の一本、港の見える丘公園からワシン坂に抜ける通りの海側に二本（但し、ほとんど枝が払われている）の一三本程度しか残っていない。その他にある大きなものは明治末期か、関東大震災以後に植えられたものである。また、中程度の大きさのものは戦後のものである。

戦後になっても、山手公園全体は「市民の遊園の場」とはならなかった。戦後、ただちに階段状の広場を除いて山手公園の大部分が進駐軍によって接収された。最上段の広場に米軍将校住宅が一〇戸建てられて周囲に有刺鉄線がはられ、再び市民の手から離れてしまった。

ただ、一九四八年（昭和二十三）に、土地ではなく敵国財産として強制買収されたテニスコートと付帯施設だけは、進駐軍の命令によって、クラブのものとして返還されることとなったが、接収はそのまま継続された。テニスコートは米第八軍特別サービス部の管理下におかれ、将校用のテニス場となった。そこで佐藤俵太郎が米軍人たちのテニスのコーチをしていた。

一九五二年(昭和二十七)、対日講和条約が成立して米軍接収地の返還がはじまり、山手公園では、いま二面の市営コートがあった所の米軍住宅部分を除いて横浜市に返還された。横浜に戻ってきたクラブの外国人たちは、早速テニスコートの借地の回復を横浜市に求めた。その結果、上部の現在四面の市営コートがある部分と、接収地を除いた二五二二坪がクラブに返還された。

現在の六面のクレーコート部分で、再び外国人専用テニス・クラブ「レディーズ・ローンテニス・アンド・クロッケー・クラブ(LLT&CC・婦女弄鞠社)」が復活することになり、昭和二十七年に横浜市とクラブ代表G・M・バーマンとの間に十年の新たな貸借契約が結ばれた。同時に、当時の平沼市長から使用料を廉価とする代わりに、外国人会員だけでなく日本人も会員として国際親善に貢献するよう要請された。

また、横浜公園も接収され、なかに米軍のテニスコートがあった。そこを借りて、横浜市民の愛好者による横浜ローンテニス・クラブが発足したのは昭和二十六年頃であった。山手公園の上部の四面の市営コートの部分は、接収解除後の昭和二十八年十二月に横浜市がコートと施設を整備して、テニスコートをつくった。戦後、市営の硬式用コートとしてはじめてであった。横浜ローンテニス・クラブは山手公園を本拠とすることになった。山手公園にさらに二面の市営コートが追加されるのは、米軍住宅部分が返還された昭和四十七年になってからであった。

その後も外国人専用のクラブは昔の名称のまま継続されるが、昭和三十七年から横浜市公園条例に基づく使用許可制度に従って、横浜市の承認をうける制度となり、昭和四十七年からは五年毎の更新となった。

一九六四年（昭和三十九）になって、一八七八年から八十六年間続いたレディーズ・ローンテニス・アンド・クロッケー・クラブ（ＬＬＴ＆ＣＣ）の名称を、横浜インターナショナル・テニス・クラブ（ＹＩＴＣ）と変更し、日本人も正会員として認めることとなった。横浜市民にこのテニス・クラブが開放されたということは、実質的に横浜の最後の居留地が撤廃されたことを意味する。ここまで、一世紀近くかかったことになる。

山手公園はこうした開港以後の横浜の歴史のなかで、数奇な運命をたどりながら今日まで続いている。横浜から外国人居留地がなくなったあとでも、横浜のなかの最後の外国であった。山手公園が横浜市民の目に触れにくい場所となっていたのは、以上のような経過をたどってきたからである。

横浜インターナショナル・テニス・クラブは、一九七八年に日本初のテニス・クラブの創立百周年を祝って、山手公園入り口にコート整備用の石のローラーを使って「日本庭球発祥之地」と刻んだ記念碑を建設した。

なお、一九八五年（昭和六十）になって、横浜市は公園南東部の七四一坪の国有地を借り受け、東屋を復元するとともに、周囲に芝生広場をつくった。

さらに、一九八二年（昭和五十七）に名称を横浜インターナショナル・テニス・コミュニティ（YITC）に変更した。クラブではなくコミュニティの名称を付け、任意組織から社団法人となり、テニスの普及と国際交流、歴史的遺産の維持などの公益活動を目的とする市民に開かれた団体となった。会員以外の市民もコートを容易に利用できる制度もつくられた。さらに、二〇〇三年から外国人社員と日本人社員とが平等な権利を持つよう改正された。

そして現在、横浜インターナショナル・テニス・コミュニティは、外国人と日本人のペアによるダブルス・トーナメントや外国大使館員のテニス大会、無料の中区の子供テニス教室など活発に公共活動を続けている。

さらに、二〇〇三年には、ヨーロッパの百年以上の創設の歴史があるテニス・クラブで組織された「一〇〇年以上の歴史をもつテニス・クラブ協会」(Centenary Tennis Club Association)の会員にアジアで唯一選ばれている。

横浜山手・テニス発祥記念館の設立

一九九八年（平成十）に、レディーズ・ローンテニス・アンド・クロッケー・クラブ（LLT&CC）の創設百二十周年を記念して、横浜市は山手公園のなかに「横浜山手・テニス発祥記念館」を「宝くじ協会」からの寄付金をもとに建設した。

記念館には開港によって欧米からはいってきたさまざまなスポーツの歴史が紹介されている。テニスの歴史と、当時どのようにテニスがおこなわれたのか、どのようなラケットやボールが使われたのか、コートの形やルールなどを分かりやすく展示している。なかでも一八七五年のテニスが始まったころのラケットやネット一式がはいったボックスは貴重なものだ。

また、テニスを楽しむ居留地外国人たちの当時の姿や、テニスが横浜市民のなかにどのように普及していったのかなど、たくさんの写真が展示されている。

なかでも、当時の女性がボンネットを被り、ロングスカートに長手袋のバッスルスタイルの服装をしてテニスをしている姿を復元した二体の人形があり、彼女たちがロングスカートの裾を踏まないように手の形に工夫した「スカートつり上げ器」をつけているのが珍しい。

また、そうした外国婦人がテニスを楽しんでいる様子を描いた早川松山の一八八〇年代の横浜浮世絵と、それを写した正面のステンド・グラスが美しい。

さらに、山手公園の誕生の経緯やヒマラヤスギの由来なども説明されている。

こうしたテニスの歴史を展示した施設としては、わが国で唯一のものである。また、二階はライブラリーとして研究者に利用されている。

これらの横浜の歴史的財産は、テニスを通じての国際交流とテニスの普及をはかることを目的とした社団法人「横浜インターナショナル・テニス・コミュニティ」（YITC）が、横浜市から記念館の維持・管理を委託されている。そして、記念館はテニス・ファンや横浜やテニスの歴史を勉強したい人びとが訪れ、横浜の歴史見学施設の一つとなっている。

あとがき

山手公園は日本の公園史のうえでも、開港以後の横浜の歴史のうえでも、特異な存在だといってよい。その特異さとは、横浜という都市の成立のしかたに起因しているのだが、山手公園は日本の公園制度が発足する三年前の一八七〇年（明治三）につくられている。

開港にともなって来日した欧米各国の要請によって設置された、日本初の洋式による公園である。土地は日本側が有料で居留地外国人に貸与し、造成費は彼らが負担した。そうした成立の経緯から、公園は外国人側の管理で、居留地制度の廃止のあとも昭和期になるまで日本人は自由には立ち入りできなかった。

もう一つの特異性は、山手公園が日本ではじめてテニスがプレーされた所であり、また最初のテニス・クラブの発祥の地であることだ。そして公園の管理をしていたのは、その外国人女性のテニス・クラブであった。

その後、山手公園は関東大震災と戦災で大きな被害を受け、さらに戦後は米軍による接収が長年続いた。山手公園が横浜市民の手に戻ってくるのは、昭和三十年代になってからであった。それ故か、横浜市内のその他の観光名所の公園と比べると、市民になじみが薄かったことは否定できない。

しかし、山手公園は横浜だけでなく、わが国の近代化に大きな役割を果している。第一に幕府や明治政府に「公園」の意味を知らせ、日本の公園制度の先駆けになったことである。山手公園に続いて横浜公園がつくられた。

第二に日本になかった欧米のスポーツであるローンテニスが初めて持ち込まれ、山手のミッションスクールは競って取り入れただけでなく、全国に広まった。日本で最初に外国人と試合をしたのは、横浜商業学校（Y校）であった。

第三に山手公園は、日本人にとって欧米の文化様式の見本市であり、フラワー・ショーやドッグショー、西洋野菜の栽培があり、ヒマラヤスギが最初に植えられ、幻灯の撮影会、野外ダンスの会などがあった。日本人も参加し、そこから多くの欧米文化を吸収した。また、日本の洋式軍楽隊が育てられた場所でもある。

山手公園は横浜のなかの「外国」が最後まで残っていた居留地文化の象徴である。今でも公園のなかの広場にたつと、軍楽隊の響きや、外国人たちのさざめきが聞こえてきそうな気がするし、ヒマラヤスギの枝の下で動き回るテニスプレーヤーをみることができる。

それらはロマンにあふれたエキゾチックな山手文化であったと同時に、もう一つの目でみると植民地的な居留地制度の名残りでもあった。しかし、閉鎖的な場所であったからこそ、初期の洋式公園の原形をいまでも残し、かつ百二十年余りの間、テニス場として存続してきたともいえるであろう。山手公園の光と影である。

山手公園は二〇〇四年三月に国の文化財保護法に規定される「名勝」の指定を受けたが、そこには単に公園の景観だけではなく、横浜のみならず、日本が開国してから今日までの東西異文化交流の歴史的象徴としての意味があると私は考えたい。

今年、二〇〇四年は開国を決めた日米和親条約が締結されて百五十周年にあたる。そうした節目の年に、横浜山手のなかの公園を舞台に展開されてきた横浜の歴史をたどることの意味は、決して小さくはないと思う。そして、市民の公園として、横浜のまちづくりのなかで、きちんと引きついでいかねばならない。

本書は居留地と洋式公園の誕生の経緯、テニスの渡来と普及の歴史、ヒマラヤスギの来た道の三つから成り立っている。私が長い間調べてきたテーマである。しかし、関東大震災で失われた資料も多く、忠実に再現することはむずかしいが、できるだけその時代に立ち会った多くの人たちの言葉や記録に物語らせるようにしたつもりである。

また、本書が「横浜山手・テニス発祥記念館編」となっているのは、記念館の展示の構成を受け継いでおり、また多くの文献や写真なども記念館によるものだからである。

本書をまとめるにあたって、上原敬二氏や小寺篤氏は故人となっているが、これまでとくにご教示を頂いた鳥居民氏、田中祥夫氏、横浜開港資料館と横浜市緑政局ならびに横浜市教育委員会の方々、YITCの会員、なかでも樋口次郎氏、バーリット・セービン氏に感謝したい。
最後に、執筆にあたって参考にした図書や文献のうち、主なものを掲示しておく。

上原敬二『樹木大図説』(有明書房、一九六一年)
O・M・プール『古き横浜の壊滅』(有隣新書、一九七六年)
鳥居民『横浜山手』(草思社、一九七七年)
G・クレリッチ『テニス五〇〇年』(講談社、一九七八年)
小寺篤『横浜山手変遷誌』(山手資料館、一九八〇年)
横浜開港資料館編『横浜もののはじめ考』(一九八八年)
田中祥夫『ヨコハマ公園物語』(中公新書、二〇〇〇年)
横浜開港資料館編『図説横浜外国人居留地』(有隣堂、二〇〇〇年)
横浜開港資料館編『横浜・歴史の街かど』(神奈川新聞社、二〇〇二年)
YITCホームページ (http://www.yitc.org/j/club/index.html)
横浜山手・テニス発祥記念館ホームページ(http://www.city.yokohama.jp/me/green/chu-kou/te-1.html)

なお、わが国でのテニスの始めについての詳細は、拙著『テニス明治誌』(中公新書、一九八〇年)、及び「明治初期横浜居留地における近代テニス以前」(関東学院大学教養学会『自然・人間・社会』、一九八六年第七号)を、またヒマラヤスギの詳細については、「覚書・わが国へのヒマラヤスギの渡来と普及について　その一・その二」(関東学院大学教養学会『自然・人間・社会』、二〇〇〇年二九号、二〇〇一年三〇号)を参考にして欲しい。

		焼失。敗戦に伴い、山手公園は米軍に接収される。横浜公園球場も接収されルー・ゲーリック球場と呼ばれる。
1952年	昭和27	山手公園テニスコートの接収が解除されＬＬＴ＆ＣＣに再貸付。日本人会員を含め国際親善の場とすることを横浜市が要請。 横浜公園の接収も解除され、横浜平和球場と改称。
1953年	昭和28	山手公園に４面の市営コートが完成。
1964年	昭和39	ＬＬＴ＆ＣＣを横浜インターナショナル・テニス・クラブ（ＹＩＴＣ）と改称。日本人会員を承認。
1978年	昭和53	ＹＩＴＣ創立百周年記念碑建設。
1982年	昭和57	ＹＩＴＣが社団法人となり横浜インターナショナル・テニス・コミュニティ（ＹＩＴＣ）と改称して再出発。
1998年	平成10	山手公園内に「横浜山手･テニス発祥記念館」開館。
2004年	平成16	山手公園が国指定の文化財の「名勝」となる。

		が運行。元街小学校開校。
1883年	明治16	ストレンジが『アウト・ドアー・ゲームズ』を日本で出版。初めてのテニスの解説書。
1884年	明治17	ＹＣＣと各種スポーツクラブが統合して横浜公園から現在の中区矢口台に移転。横浜・カントリー・アンド・アスレティック・クラブ（ＹＣ＆ＡＣ）となる。
1889年	明治22	横浜に市制が施行される。
1896年	明治29	旧制第一高等学校野球部によって「野球」「庭球」の用語がつくられる。
1899年	明治32	不平等条約が撤廃され、居留地制度廃止。
1902年	明治35	ブルック死亡、外国人墓地に埋葬。
1904年	明治37	Ｙ高庭球部、外国人倶楽部との試合に勝つ。
1906年	明治39	カトリック山手教会が現在地に移転。
1909年	明治42	横浜公園が外国人管理から横浜市に移管さる。
1912年	大正元	神戸市とのテニスのインターポート・マッチ始まる。
1913年	大正２	慶応大学、軟式庭球をやめ硬式テニスを採用。
1921年	大正10	第３回日本庭球選手権大会山手公園で開催。
1923年	大正12	関東大震災で横浜壊滅。山手公園、テニスクラブも被害。
1925年	大正14	横浜市、政府に山手公園の移管を要請。
1927年	昭和２	山手公園の西側半分が国から横浜市に無償貸付される。
1929年	昭和４	山手公園の半分を横浜市が復興事業で整備。横浜公園に野球場完成。
1936年	昭和11	チルデンら米プロテニス選手、山手公園で日本選手との交歓試合。
1941年	昭和16	日米開戦、テニス・クラブ活動停止。
1943年	昭和18	山手公園全域を国から横浜市が取得。
1945年	昭和20	第２次大戦の空襲でＬＬＴ＆ＣＣのクラブが

		楽練習生が山手公園で「君が代」の初演奏。
1871年	明治4	神奈川県が山手公園の地券を発行。第1回西洋和国花物鳥獣展覧会を開催。日本で最初の野球試合が現在の横浜公園付近で開催。
1874年	明治7	山手公園の維持を居留民ができなくなり、政府に経費の負担を要望。政府は横浜公園も造成中なので、資金不足で困難と回答。居留民借地料を滞納。 イギリスでローンテニスが考案される。
1875年	明治8	横浜公園ほぼ完成。芝生は英国から輸入。 山手駐留の英仏軍隊が本国へ撤退。
1876年	明治9	山手公園でのテニス風景が英字新聞記事に、『ジャパン・パンチ』にテニスの風刺漫画が初めて掲載される。神奈川県令がスイス領事シーベルブレンワルドに借地料の催告書を発したが、徴集の権利がないとの理由で、不払いに終わる。
1877年	明治10	ウィンブルドンで第1回全英テニス大会開催。
1878年	明治11	山手公園を一旦日本に返還したかたちをとって、あらためて婦女弄鞠社（レディーズ・ローンテニス・アンド・クロッケー・クラブ・ＬＬＴ＆ＣＣ）に貸与す。敷地の4分の1を限度としてスポーツ施設とし400ドルを150ドルに値下げ。テニスコート5面で発足。 文部省が体操伝習所を開設しアメリカ人リーランド博士を招く。
1879年	明治12	ブルックがヒマラヤスギの種子をカルカッタから取り寄せて播種。実生苗30本を宮内庁に献上、100本を新宿御宛が買上。（明治27年に横浜植木会社が150本全国に売出）
1882年	明治15	山手公園で舞踏会が開かれ東京より臨時電車

山手公園関連年表

西暦	和暦	事項
1853年	嘉永6	ペリー浦賀に来航。
1854年	安政元	日米和親条約（神奈川条約）が横浜で締結。
1858年	安政5	日米修好通商条約が締結。
1859年	安政6	横浜が函館・長崎とともに開港。
1860年	万延元	英・米・蘭との間に「神奈川地所規則」締結。
1861年	文久元	神奈川の各国領事館移転用地として、山手の土地約6000坪が貸与される。英国は海軍用地として谷戸橋際の山手一角を借り入れ。
1862年	文久2	山手地区を一般外国人に貸与することを幕府が承認。
1863年	文久3	居留民警護のため山手に英仏軍隊が駐屯開始。
1864年	元治元	「横浜居留地覚書」が英・米・仏・蘭の間で締結され、外国人墓地の拡張や根岸遊歩道などの建設が行われる。
1866年	慶応2	「慶応の大火」で関内の大半が焼失。「慶応約書」が締結され、港崎遊廓跡を公園にすること、日本大通り建設、山手公園設置を約束。
1867年	慶応3	山手居留地が居留外国人に競売で開放。「横浜外国人居留地取締規則」制定。
1868年	明治元	神戸・大阪が開港。 モリソンらが港崎町の沼地3000平方メートルを埋め立て、クリケット場をつくる。ヨコハマ・クリケット・クラブ（YCC）の創立。
1869年	明治2	ヘンリー・H・ブルックが横浜に来航。
1870年	明治3	政府は居留民代表のドーメン・ベンソンに対し「外国人の共同体が公けの遊園として山手公園の使用を認め」妙香寺境内のうち2万2千平方メートル・年間400ドルで貸与。居留民が6千円を持ち寄り山手公園造成。薩摩藩音

横浜山手公園物語——公園・テニス・ヒマラヤスギ
平成十六年五月十二日　第一刷発行
編者　横浜山手・テニス発祥記念館
著者　鳴海正泰

発行者——松信　裕
発行所——株式会社　有隣堂
本　社　横浜市中区伊勢佐木町一−四−一　郵便番号二三一−八六二三
出版部　横浜市戸塚区品濃町八八一−一六　郵便番号二四四−八五八五
電話○四五−八二五−五五六三
印刷——図書印刷株式会社

ISBN4-89660-183-1 C0221
定価はカバーに表示してあります。
落丁・乱丁本はお取り替えいたします。

デザイン原案＝村上善男

有隣新書刊行のことば

国土がせまく人口の多いわが国においては、近来、交通、情報伝達手段がめざましく発達したためもあって、地方の人々の中央志向の傾向がますます強まっている。その結果、特色ある地方文化は、急速に浸蝕され、文化の均質化がいちじるしく進みつつある。その及ぶところ、生活意識、生活様式のみにとどまらず、政治、経済、社会、文化などのすべての分野で中央集権化が進み、生活の基盤であるはずの地域社会における連帯感が日に日に薄れ、孤独感が深まって行く。われわれは、このような状況のもとでこそ、社会の基礎的単位であるコミュニティの果たすべき役割を再認識するとともに、豊かで多様性に富む地方文化の維持発展に努めたいと思う。

古来の相模、武蔵の地を占める神奈川県は、中世にあっては、鎌倉が幕府政治の中心地となり、近代においては、横浜が開港場として西洋文化の窓口となるなど、日本史の流れの中でかずかずのスポットライトを浴びた。

有隣新書は、これらの個々の歴史的事象や、人間と自然とのかかわり合い、ときには、現代の地域社会が直面しつつある諸問題をとりあげながらも、広く全国的視野、普遍的観点から、時流におもねることなく地道に考え直し、人知の新しい地平線を望もうとする読者に日々の糧を贈ることを目的として企画された。

古人も言った、「徳は孤ならず必ず隣有り」と。有隣堂の社名は、この聖賢の言葉に由来する。われわれは、著者と読者の間に新しい知的チャンネルの生まれることを信じて、この辞句を冠した新書を刊行する。

一九七六年七月十日　　有　隣　堂

有隣新書〈既刊〉

8 近代日本画を育てた豪商 原三溪 竹田道太郎
9 新版 炎の生糸商 中居屋重兵衛 萩原進
10 相模のもののふたち ――中世史を歩く 永井路子
17 メルメ・カション ――幕末 フランス怪僧伝 富田仁
18 戦時下に生きる ――第二次大戦と横浜 伊豆利彦
19 新版 大空襲5月29日 ――第二次大戦と横浜 今井清一
20 占領の傷跡 ――第二次大戦と横浜 服部一馬 斉藤秀夫
21 横浜の作家たち ――その文学的風土 尾崎秀樹
25 横須賀製鉄所の人びと ――花ひらくフランス文化 富田仁 西堀昭
27 ジャポン1867年 L・ド・ボーヴォワール 綾部友治郎訳

28 武蔵の武士団 ――その成立と故地をさぐる 安田元久
29 核とアジア・太平洋 ――国際会議ヨコスカ 伊藤成彦編
31 都市を考える ――横浜国立大学経済学部公開講座 遠藤輝明編
32 日本・人力車旅情 E・R・シッドモア 恩地光夫訳
33 神奈川の石仏 ――近世庶民の精神風土 松村雄介
34 後北条氏 鈴木良一
36 文明開化うま物語 ――根岸競馬と居留外国人 早坂昇治
37 メール・マティルド ――日本宣教とその生涯 小河織衣
38 ギルデマイスターの手紙 ――ドイツ商人と幕末の日本 生熊文編訳
39 萬鐵五郎 ――土沢から茅ヶ崎へ 村上善男

番号	タイトル	サブタイトル	著者・編者
40	南の海からきた丹沢	――プレートテクトニクスの不思議	神奈川県立博物館編
41	おはなさんの恋	――横浜弁天通り1875年	M・デュバール／村岡正明訳
42	タウンゼンド・ハリス	――教育と外交にかけた生涯	中西道子
44	鎌倉の仏教	――中世都市の実像	貫 達人・石井 進編
46	仮名垣魯文	――文明開化の戯作者	興津 要
47	今村紫紅	――近代日本画の鬼才	中村溪男
48	ホームズ船長の冒険	――開港前後のイギリス商社	横浜開港資料館編／杉山伸也他訳
49	横浜のくすり文化	――洋薬ことはじめ	杉原正泰・天野 宏
51	東慶寺と駆込女		井上禅定
52	相模湾上陸作戦	――第二次大戦終結への道	大西比呂志・栗田尚弥・小風秀雅
53	フランス人の幕末維新		M・ド・モージュ他／市川慎一・榊原直文編著
54	鶴岡八幡宮寺	――鎌倉の廃寺	貫 達人
55	鎌倉の古建築		関口欣也
56	祖父パーマー	――横浜・近代水道の創設者	樋口次郎
57	北条早雲と家臣団		下山治久
58	宣教師ルーミスと明治日本	――横浜からの手紙	岡部一興編／有地美子訳
59	相模野に生きた女たち	――古文書にみる江戸時代の農村	長田かな子
60	伊豆・小笠原弧の衝突	――海から生まれた神奈川	藤岡換太郎・有馬眞・平田大二編著